ハワイ在住の
ビジネス牧師が
語る

あなたの
人生を変える
感動の24話

YouTubeで配信中の
『ビジネスと聖書』を待望の書籍化！

中林義朗

イーグレープ

目　次

第三章　創造主を知って人生を変える……71

第四章　真理を知って人生を変える

まえがき

長年私は、自分が感動した話や自分を変えた話の数々を、皆様とシェア出来たらなと考えていました。いま流行っているブログやメールマガジンにでも書いて、インターネットで配信出来たら最高だなと思いつつ、数年が経ってしまいました。「待てば海路の日和あり」とは良く言ったもので、文才もなく、座って文を打つ時間も忍耐もない私にとりまして、このYouTubeの出現には、神さまのタイミングを感じざるを得ませんでした。あおば会計税理士法人の「売らない営業マン」タナカキミアキ先生のYouTubeに魅せられて、影響を受けました。先生の話し方、トピックの選び方、短いながらもインパクトのある内容などなど。

そして、この先生のYouTubeを真似させていただき、早速行動に移しました。私の長女のモニカが撮影と編集を担当してくれました。「ビジネスと聖書一口講座

「From ハワイ」第24話まで、一気に録画致し発信させていただいております。しかし中には、私はコンピュータは使わないというご高齢の方も多く、そんな方々ためにも、この本の出版を決意した次第です。

私は十八才で日本を離れ、三十六年間海外で生活してきました。そこで、「日本の常識、世界の非常識」と思えることを沢山経験してまいりましたが、実はそれ以上に、「この世の常識、天国の非常識」と言えるような目からウロコ！の驚きの発見の数々を、教会や聖書を通して知ることとなりました。

その昔、アメリカの永住権のカードをResident ALIENと呼びました。現在はPermanent Residentと改名されましたが、昔はALIENエイリアン（宇宙人）と呼んでいました。ということは、アメリカ人が人間で、それ以外の外国人は宇宙人。何とひどい国だと、正直思いました。

しかし、聖書の中には以下の言葉が書かれています。

『愛する者たちよ。あなたがたにお勧めします。旅人（ALIEN）であり寄留者であるあなたがたは、たましいに戦いをいどむ肉の欲を遠ざけなさい。』

（新約聖書ペテロの手紙第一　2章11節）

私たち人間は、この地上においては旅人（ALIEN）であると書かれているのです。裸で生まれ、裸で帰る場所があります。私たちにとって、この地上が全てではありません。私たちは、一時滞在人であるにすぎないのです。

第一章

メンタルを強くし人生を変える

1話　心の中の気圧を高めよう！

『ビジネスと聖書一口講座 From ハワイ』

皆様、こんにちは。「ビジネスと聖書一口講座」の時間です。中林義朗、ビジネス牧師が担当いたします。今日のお話は「心の中の気圧を高めよう！」です。何で今日はこんな話をするかといいますと、皆さんはどうでしょうか。生活をしていて、人に言われたことなんかで、グサグサ心に刺さるような体験を始終するほうでしょうか。それとも、もう言われることにも慣れて、あまり気にならなくなったなんていう方もいらっしゃるかもしれません。中には言われた言葉がグサッと刺さって、その一言、それだけは言ってほしくなかった、これはもう一生忘れることができない傷になったということがありますよね。私もあります。

ここで、一つ覚えておかないといけないことがあります、その言った人というのは実はそんな私を傷つけた、皆さんを傷つけたなんて、全く思ってもいないし、言ったことすら実は覚えていないのです。日本のドラマを見ると、恨みつらみ、その復讐、そんな題材のドラマがとても多いようです。やはり日本人は、言われたこと、されたことによって、傷の処理がうまくできていないケースが多いのではないでしょうか。

日本のデパートに行きますと、入口の自動ドアが開くと、中から冷たい風がウワッと出てくるのを感じることがあります。何でここまで日本のデパートは寒くしないといけないのかなと思うことがあります。皆さんも、ウワッと飛ばされてしまうくらいの空気がドアが開くと出て来たという経験があると思います。実はあれには理由があって、わざとそういうふうにしているのです。デパートの中の気圧を高くしウワッと風が出ることによって、自動ドアが開いたとしても、外からのハエとか虫とか、いろいろなものがデパートの中に入らないようになっているのです。

何でこんな話をしているのか分かりますか。「私たちの心の気圧もぜひ強くしましょう」という話をするためです。人から何を言われても、その都度グサグサくるのではなくて、心の中の気圧を強くしてあげることによって、言われたことを跳ね返すことができたらいいですよね。まさにデパートの入口でハエを跳ね返し、いろんな虫を跳ね返すことができるように、私たちの心も中から気圧を強めることによって、言われたことやされたことを、いちいちグサグサこなくても跳ね返すことができるとしたらどうでしょうか。それをできるようにするのが、この聖書だと私は思っています。

自家発電の元気というのは限界があります。自家発電で人を愛するというのも限界があります。愛のない者がどうして人を愛することができるのでしょうか。優しくはできるし、愛したふりもできるけれども、結局それは偽物の愛です。本当の愛というのは、天地を創造された聖書の神さまから来る愛です。その神さまが私たちをまず最初に愛してくださるのですが、その愛を本当に受けることができないと、この胸がぽっかり空きます。虚しくて、という方がよくいらっしゃいます。いや、私も実はそうでした。いくら頑張ってお金を貯めても、地位が上がっても、財産があっても、大きな家があっても、多くのジュエリーがあったとしても、それらでこのぽっかり空いた胸の穴を埋めることはできませんでした。

天地の創造主なる神さまが私たちを愛していてくださって、その愛を、本当に心に受けることができた時、初めて、その空っぽである心が埋まることを私も体験しました。そして埋まるだけでなく、その聖書の神さまの愛によって常に気圧を高めることができるのです。聖書を毎日一日一章ずつ読んでいくと、三年三カ月でこの一冊の聖書を読み終えることができます。一日一章読んでいくだけで、心の中の気圧が高まり、いちいち言われたことや、されたことによって、グサグサくるのではなく跳ね返していく、本当の意味の強さをあなたも手にすることができます。

あなたも聖書の神さまに出会って、心の中の気圧を高めてみてはいかがでしょうか。今日の「ビジネスと聖書一口講座」、いかがでしたか。また次回、この時間にお会いいたします。素晴らしい一日をお過ごしください。

ビジネスと聖書一口講座 From ハワイ

2話　どこに行っても嫌な人はいる

『ビジネスと聖書一口講座From ハワイ』

「ビジネスと聖書一口講座」の時間です。皆様、お元気ですか。今日はこんなタイトルで行ってみたいと思います。「どこに行っても嫌な人はいる。」

私たちは働いたり、学校に行ったり、いろんな集いに行きますが、みんながみんな気が合うわけではないですね。やはり中には、できることならこの人とはあまり顔を合わせたくないな、この人とは話したくないな、なんていうことがあると思います。職場においては、特にそうかもしれません。皆さんのボス、または直属のスーパーバイザーとか、課長や部長や、そんな人々とどうも気が合わないなというようなことがあると思います。

こんな話を聞いたことがあります。ちょっと失礼かもしれませんが、職場に嫌な人がいたのでキツネに例えて、「一匹のキツネがいた」と言いながら次の職場に行くと、今度は「二匹目のキツネがいた」という話です。そしてそれからも逃げて、今度は三つ目の所に行くと、今度は「三匹目のキツネがいた」なんていう話も聞いたことがあります。今、ここで逃げてしまうと、さらに皆さんの問題はつらくなるということを覚えておかなくてはいけないと思います。

また、次のようなおもしろい話も聞いたことがあります。これはとても役に立つ話なので、ぜひ皆様にご紹介したいと思います。

これは何でしょうか。日本で販売されているヒラメというのは、多くは韓国からタンクに詰めて船に乗って送られて来るのだそうです。今でもそういうふうにしているのかは分かりませんか、そういうふうにしているとしましょう。そしてタンクに元気なヒラメを入れて、船に乗せて日本まで到着すると、何か知らないけどヒラメがぐったりしているというのです。それでどうしたらいいものかなあと、皆で考えた結果、こういうものを中に入れてみたそうです。ウナギです。何百匹も入っているヒラメのタンクの中に一匹のウナギを入れたのです。そして日本に到着するまでにどうなるかを試してみました。そうすると、日本にこのタンクが到着して中を開けてみたとき、何とヒラメがぴちぴちと、それはもう元気で泳ぎ回っていたというのです。一匹のウナギを入れたことによって、ヒラメは逃げて回ったのでしょう。「嫌なやつがきた！ 何でこんなやつがいるんだ!?」と。今までは同じヒラメの友だちばかりで仲良くしていたのに、「何でこんなものが入ってくるんだ？ 逃げろー！」という状況だったのでしょうね。その嫌なウナギがタンクの中にいたことによって、ヒラメが生かされ、ぴちぴち泳いでいたという話なのです。

どうですか。職場において、嫌だと思えるものが実は私たちに元気や力を与えているとしたらどうでしょう。嫌だと思うかもしれないけれども、それが自分に競争心を植え付け、自分にやる気を出させているとしたらどうでしょうか。いつも仲の良い友だち同士や、息の合う者同士で仕事をしたらうまくいくと思うかもしれませんが、長年気の合う者だけでやっていると、だんだんだらだらとしてきて、このヒラメのようにぐったりしてくることもあるかもしれません。

神さまは私たちにそれぞれ違うタレントを与えられました。それぞれを違う者として比べないようにしましょう。自分は自分、あの人はあの人です。キツネも優しい人に見えてくるかもしれません。今日の皆様に、元気を与えている役目を果たしてくださっているかもしれません。「ビジネスと聖書一口講座」、今日の話も何かの参考にしていただければと思います。どこに行っても嫌な人はいるものです。

嫌な人にも役目がある

3話　他人と比べない
『ビジネスと聖書一口講座 From ハワイ』

「ビジネスと聖書一口講座」の時間がまいりました。皆様、お元気ですか。今日は「他人と比べない。」他人と比べないと言われても難しいですよね。やっぱり比べてしまいますよね。私も長年、他人と比べて、本当に苦しんできました。

英語でこういう言葉があります。"Comparison is the thief of joy."「比較が喜びの盗人である。」比較することによって自分の喜びを失ってしまうのです。どうしても人が良く見え、人が持っているものが欲しくなり、比べてしまうのが人間なのではないでしょうか。

背の低い人は、「もう少し背が欲しかった。もう何もいらない、ただ背が欲しい」とよく言われます。私はどちらかというと背が高いほうで生まれてきました。でも私には私の悩みがあります。この鼻が私のコンプレックスでして、もう少しかっこいい鼻に生まれたら人生変わったのになあと、いつも思うのです。でも背の低い人から見ると、「何だ鼻くらいいいじゃないか、背が高いんだから！」ということになります。こういう会話をしてもあまり意味がないと思いませんか。創造主なる神さまは、私たちそれぞれを、背の高い人や背の低い人、そして鼻の高い人や低い人、女性であれば胸の大きい人や小さい人というふうに、いろいろな姿に造られました。でもそれを一つ一つ比べて、ないものねだりをしてもしょうがないではありませんか。

今では、整形手術をすると鼻が高くなるなんてことがありますが、でも私の子どもを見たら、「お父さんは鼻が低いんじゃないの?」というのがすぐに分かってしまいます。

しかし、天地の創造主なる神さまは、私たちをこのままの姿で完璧だとおっしゃっているのです。聖書の中には「あなたは高価で尊い、わたしの目には高価で尊い」と書いてあります。最高の作品であり、マスターピースなのです。二人としてあなたと同じ者はいません。身長は百七十七センチ、体重は九十キロ、そして鼻の高さはこの高さ、目の大きさはこの大きさ、耳の大きさはこの大きさに私は造られたのです。このように、神さまが私たち一人ひとりを完璧なものとして造ってくださいました。私も教会に通い聖書を知ることができるようになって、人とだんだん比べなくなってきました。そして、自分の嫌いな部分も好きになる努力ができるようになってきたかなあと思います。

どうですか、皆さん。自分の身体の部分で一つや二つ、三つや四つ、五つ、この部分は嫌いだなあと思うところがあるのではないでしょうか。その嫌いだと思うところを数えるのではなくて、自分が好きなところを数えてみましょう。そして、神さまがそのままで完璧だとおっしゃっているわけですから、そのことばを信じて、自分が嫌いだと思うところも好きになれるように努力をしてみたらいかがでしょうか。そうすると不思議なくらい、他人を見ても、「ああ神さまはユニークな方だなあ！あの方をああいうふうに創造されたんだなあ！あの人とも何かうまくやっていけそうだなあ」と思えるようになります。今までは嫉妬をしていた人に対しても、お互いにほめ合っていくことができるようになります。神さまの存在を尊重して、お互いの存在を尊重していく。こんな関係が、他人と比べない生き方のためには大切なのではないでしょうか。

ビジネスをするにしろ、何をするにしても、まずここからスタートしなければ自分を救うことができません。自分を好きでない人がどうして他人を好きになることができるのでしょうか。聖書の中に、「自分を愛するように他人を愛しなさい。自分を愛するように妻を愛しなさい」という言葉が出てきます。まず自分を愛する者でありたいと思います。今日の「ビジネスと聖書一口講座」、いかがでしたでしょうか。何かの参考にしていただけたら幸いです。

4話　人から好かれようとしない

『ビジネスと聖書一口講座 From ハワイ』

「ビジネスと聖書一口講座」の時間がまいりました。皆さん、お元気ですか。今日はこんな話をしてみたいと思います。「人から好かれようとしない。」どうですか、皆さんは人の目が気になってしょうがないのではないですか。人から好かれたいと誰でも思うでしょう。でもそこには限界があって、すべての人から好かれようなんていうことは到底無理なことなのです。

アメリカのトランプ大統領も、安倍首相にしても、百パーセントの人から支持をされようなんていうことは到底無理なことなのです。国のリーダーですらそうですから、私たち一市民が、百パーセントの人から好かれようなんていうことはとても無理だということを覚えなくてはなりません。

こんな話を聞いたことがあります。ちょっとショッキングな話ですから、心して聞いていただきたいと思います。私たちの人生の中で、三十パーセントの人は私たちのことが大嫌いです。どきっという感じですよね。そして次の三十パーセントの人は私たちのことはどうでもよいと思っています。もうこれで六十パーセントです。ということは、この世の中で六十パーセントの私たちの周りにいる人は、私たちのことが嫌いか、またはどうでもいいと思っているのです。次の三十パーセントの人は私たちにある程度の好意を持っていてくださいます。私たちのほうを向いて常に微笑み、話をしてくれる対象と言えるかもしれません。もうこれで九十パーセントです。そして最後の十パーセントは、私たちのことが大好きと言ってくださる人々です。

私たちが問題を起こしてしまうのは、ここです。自分に向いている四十パーセントの人、自分を常に見てくれている四十パーセントの人は無視して、自分を見ていない六十パーセントの人をどうにかしてこっちを向かせようと努力をしてしまう。これが人生で大きな間違いを起こすスタートなのです。興味がない、あっちを向いている人をどうにかこっちを向かせようとして、ねー！　ねーねー！　と話しても、向こうは「うるさいやつだなあ。もう何だよお、うっとうしいなあ」とこんな感じです。ところが私たちのほうを見ていてくださる人はどうでしょう。私たちがいつまでも見ていてくださる人を無視して生きていくと、将来的にはこの四十パーセントの人々も、「何だよ、あいつは。こんなに好意を持って助けてあげたいと思っているのに変なほうばっかり向いて」と思うのではないでしょうか。すると、最終的にはこの四十パーセントの人も反対側を向いてしまって、結局天涯孤独の一人ぼっちになってしまいます。

どうでしょうか。私たちが今やらなくてはいけないことは、自分に興味のない人をこちらに一生懸命向かせる努力をすることではありません。自分を見てくれている四十パーセントの人々と時間を過ごし、食事をし、一緒に笑い、一緒に祈り、一緒に楽しみ、楽しんで生活をすることではないでしょうか。そして、時間や空間を共有する、これが愛ではないでしょうか。この四十パーセントの人との人間関係がものすごくうまくいっていると、「私もあんな生き方をしたいなあ！あんな自由な生き方をしたい！あんないつもにこにこして愛にあふれた生活を私もしてみたい！」と、六十パーセントの人々も少しずつ興味を示してくれるようになるのではないでしょうか。

皆さんはどこを見て生きていますか。人から好かれようと努力をするのではなくて、自分を見てくださっている四十パーセントの人々に時間を費やし、愛を費やしましょう。そして、共に時間と空間を共有し、楽しく意味のある人生を過ごそうではありませんか。今日のビジネスと聖書一口講座、いかがだったでしょうか。何かの参考にしてくださったら幸いです。また次回、この時間に皆様にお会いいたします。さようなら。

愛にあふれた生活

5話　私たちの心の中に二匹のオオカミが住んでいる

『ビジネスと聖書一口講座 From ハワイ』

皆様、こんにちは。「ビジネスと聖書の一口講座」の時間がまいりました。ビジネス牧師の中林義朗です。今日は、「私たちの心の中に二匹のオオカミが住んでいる」という話です。何の話じゃ？と思われるかもしれません。

私たちの心の中には天使のような素晴らしい自分と、悪魔のような憎たらしい自分の二人が住んでいると言われています。天使のような自分は、本当に優しく、愛にあふれ人を助けようという思いに満ちた、笑顔で元気のよい素晴らしい自分です。もう一人の自分は本当にレイジーで文句が多く、そして人とも笑顔で話すことができず、いつも人をねたみうらやむような憎らしい心を持った自分です。そんなことを思ったことがありませんか。私はビジネス牧師ですが、毎秒、この二人の自分と戦っています。

ある日、こんな話を聞いたことがありま す。それがこの「二匹のオオカミ」という話なのですが、この話を聞いて私は人生が大きく変わりました。いや、この「ビジネスと聖書一口講座」をどうして私が開きたいと思ったかと言いますと、教会に通い聖書を読むようになって、たくさんの自分を変えたエピソードや話や聖書のことばに出会うようになったからです。その一つ一つ

ビジネス牧師

をこの番組を通して紹介したい。そんな思いで、このチャンネルを進めさせていただいています。

では、二匹のオオカミの話をしましょう。ある日、インディアンのおじいさんが、自分の孫に対してこんな話をしました。

「いいか、私たちの心の中には二匹のオオカミが住んでいるんだ。よく聞きなさい。一匹のオオカミはとても優しくて、とても心が親切な天使のようなオオカミ。そしてもう一匹の悪魔のようなオオカミは意地汚く自己中心で、いつもイライラして怒っている。そんな二匹のオオカミが私たちの心の中には住んでいるんだよ。」

すると話を進めるうちに、その孫がおじいさんを見て、「おじいちゃん、この二匹のオオカミの喧嘩は、結果、最終的にはどっちが勝つの？」と質問をしたそうです。するとインディアンのおじいさんは、さすがですね。こう答えました。

「それは、あなたがどっちのオオカミに餌を与え続けるかによって勝敗が決まるんだよ。もし、あなたが天使のような優しいオオカミに餌を与え続ければ、その優しいオオカミは大きく心の中で育つ。ところが逆に、悪いオオカミにあなたが餌をあげ続けると、どんどんそのオオカミは大きくなって、あなたの心を支配するようになるだろう。しかし、もしその悪いオオカミに餌を与えず、良いオオカミにだけに餌を与え続けたら、いつかこの悪いオオカミは餓死してしまう。お腹を空かせて死んでしまうんだよ。あなたはどっちのオオカミに餌を与え続けるかい？」と。

素晴らしい話だと思いませんか。私もこの話を聞いて勇気を得ました。ぜひこの話を何かの参考にして、天使のようなオオカミに餌を与え続ける者でありたいと思います。「ビジネスと聖書一口講座」、またこの時間に皆様にお会いいたします。

6話　十七本で笑い、四十三本で怒る、人間の顔の筋肉

『ビジネスと聖書一口講座 From ハワイ』

「ビジネスと聖書一口講座」の時間です。皆様お元気ですか。
今日はこんな話をしてみたいと思います。人間は笑う時に、何本の筋肉を使って笑うと思いますか。また、人間は怒る時に、何本の筋肉を使って怒ると思いますか。答えはここに出ています。人間は、笑う時には十七本の筋肉を使って笑うのだそうです。ところが人間が怒る時というのは、四十三本の顔の筋肉を使って怒るのだそうです。

人間が笑う時というのは、素晴らしいスマイルではないでしょうか。本当にこんなスマイルで毎日生きていくことができたら、素晴らしいですよね。十七本の筋肉を使って人に良いイメージを与えるだけでなく、自分にとっても心地良い生き方をすることが大切ではないかと思います。それに反して、人間は四十三本もの筋肉を使って怒り始めると、どんな顔になるのでしょうか。

私たちが生きていて、「ああ、この人はいい笑顔をしているな」と思えるような笑顔に会うことがありませんか。特に年配の方で、「ああ、こんな歳の取り方をしたいな。私もこういう笑い方を将来したいな」と思うような模範の人がいませんか。それは男性だろうが、女性だろうが、日本人だろうが、アメリカ人だろうが、何人だろうが、それはあまり関係ないと思います。本当に良い歳の取り方をしている、良いスマイルをしていると思える、おじいちゃんやおばあちゃんがいませんか。ではその人たちは、人生の中で本当に問題が全くなかったのでしょうか。私は決してそうだとは思いません。逆に人以上にいろんな経験をし、いろんな痛いこと、また涙を流すこと、つらい経験など、いろんな所を通って来たのだと思います。そして、自我が砕かれ、自分にはできることとできないことがあるんだというところに行き着いた人だけが、あの笑顔を醸し出すことができるのではないでしょうか。

若い頃というのは、やっぱり自分の力で何か結果を出したい、そして自分はできるんだと思いがちです。「あの人はできる人だ！　できる男だ！」と言われたくて、私も若い頃頑張ったものです。ところが、多くのことはやはり自分の力だけではできません。三日間寝ないで仕事をしたら、それが本当にできないことができるようになるのでしょうか。そういうことではないのです。若い頃、「私が会社に行かなかったらこの会社は前に進まない。潰れてしまう」と思って仕事をしていたことがあります。「私が行かなければ地球が回らない！」なんて思いおごっていた時期もあります。しかし私たちが会社に行こうが行くまいが、地球は回り、朝日は昇り、夕陽は沈むのではないでしょうか。この全知全能なる神さまが天と地を創造し、そして天と地をコントロールされているのです。そして、この真理に行き着いた者にだけ与えられる、素晴らしい笑顔というのがあるのではないかと思います。

年配になって、本当に素晴らしい笑顔を持ってらっしゃる方は、きっと人生の中で、「私にできる限界はここまで。子どものこともできることはした。これ以上私が心配したからといって、遠く離れた所にいる子どもたちをどうすることもできない。もう祈るしかない、神さまに頼るしかない！」という思いに行き着いたのだと思います。

どうでしょうか、皆さん。皆さんも十七

笑顔

本の顔の筋肉を使って笑い、そしてできれば四十三本の筋肉を使って怒ることがないようにしましょう。くしゃくしゃになるような怒り方を続けるのではなく、年配になった時に「素晴らしい笑顔だ」と言われる者でありたいと思います。素晴らしい一日をお過ごしください。「ビジネスと聖書」、またこの時間に皆様にお会いいたします！

第二章

成功者に学んで人生を変える

7話　Why, How, What
『ビジネスと聖書一口講座 From ハワイ』

「ビジネスと聖書一口講座」の時間がまいりました。ビジネス牧師の中林義朗です。お元気ですか。英語のクラスではありませんよ。今日はWhy, How, Whatの中で、一番大切なWhyについて考えていきましょう。

世界の多くのリーダーというのは、このWhyというのを考えて生きている方が多いと言われます。しかし、九十パーセント以上の一般の方というのは、常にHow「どのように」、また、What「何を」考えて生きていると言われます。

もうちょっと詳しく説明しましょう。皆さんが就職の面接に行って、「給料がいくらもらえて、私はどんな仕事をして、そしてそれをどうやったらいいのでしょうか?」「何時に出社して、どれくらい働いたらいいのでしょうか?」という質問をして納得ができますと、「はい、わかりました。ぜひ働かせてくださ い」と言い、「ではぜひ働いてください。来週からお待ちしております」と言われますよね。しかし、「どうして私はその仕事をするのですか?」という質問をする人は少ないというのです。

何をしなくてはいけないのか、どのように仕事をしたらいいのだろうか、と考えることに

Why, How, What

よって、言われたことだけを黙々とこなし、限られた時間でお金をもらうことができます。しかし、それではいつまでたっても同じことの繰り返しです。永遠に人の会社で働くことになり、それ以上の発展も昇格も難しいかもしれません。

しかし、やはり上に立つ者や昇格をしていくような人というのは、常に「Why」を考えて生きています。「なぜ私はこれをしているんだろう？　なぜ私はこの会社に働いてこの仕事をしているんだろうか？　なぜ？　なぜ？　なぜ？　常になぜ？　なぜ？」と考えて生きているのです。

「それでは今日からここに穴を掘りなさい。そして今度終わったら、その穴を埋めなさい」と言われ、穴がきれいに埋まったら「また同じように掘りなさい」と言われ、その穴がまた掘れたら「元に戻しなさい」と言われたらどうでしょう。もしこんな生活をしていると、間違いなく狂人になってしまうという話を聞いたことがあると思います。でもよく考えてみてください。私たちも働いている中で、同じようなことをしているかもしれません。ですから十年、二十年、三十年経った時に、「私は何をこの会社でしているのだろうか」、「私の人生って何なんだろう」と思う時が、必ず来てしまうというのです。

今日から、「なぜ私はそれをしているのか」と、「なぜ今朝起きて、その会社に行くのだろうか。なぜその学校に行くのだろうか。なぜいろんな奉仕をしているのだろうか」と、常に考えてみてはいかがでしょうか。何をするのか、そして、それをどのようにするのか。もうこれらを、私たちは十分にやってきました。今日からは、なぜそれをしているのかを、常に考えて生きてみてはいかがでしょうか。「ビジネスと聖書一口講座」。今日のお話も、何かの参考にしていただきたいと思います。行ってらっしゃいませ！

8話　やはりタイガーはすごい！

『ビジネスと聖書一口講座 From ハワイ』

「ビジネスと聖書一口講座」の時間がまいりました。ビジネス牧師の中林義朗です。今日は「やはりタイガーはすごい！」"Again, Tiger is amazing!"、こんなタイトルで話をしてみたいと思います。

皆さんはタイガー・ウッズが好きですか。ゴルフをしない人でも、タイガーが好きだという人がたくさんいらっしゃると思います。ゴルフのルールは分からないけど、何か彼はカッコいいと思う人はたくさんいるのではないでしょうか。やっぱり勝つ者は素晴らしい！という、そんなイメージが長年彼にはありました。ところが、そんなタイガーもやはり人の子です。「英雄色を好む」という言葉のように、女性に溺れた時期もあり、腰の故障などでしばらく勝てない時期が続いたのをご存じだと思います。

男たちにとって、大きく分けると誘惑が三つあると言われます。一つは地位、二つ目はお金、そして三つ目は女性。成功すると誘惑がたくさん寄ってきて、落とし穴にはまってしまうこともあるかもしれません。タイガーはそんな中で復活をして、随分上位に名前が出てくるようになりました。これからも何度も優勝していってほしいと思うのですが、彼もだんだん歳をとってきて、スイングも改造してどんどん変わってきています。そんな中で、先日、こんな話を聞きました。さすがにタイガーだな！と思わされた話です。

ちょっと想像してみてください。四日間のトーナメントの中で、最終日の十八番ホール。相手がパットを外したらタイガーの優勝、こんな場面だということをちょっと想像してみてください。相手がパットを外した瞬間にタイガーの優勝が決まるのです。

普通の人ですと、こういう時はポーカーフェイスで平常心の顔をしますよね。そして、「外れてくれ！　外して！」と、あるいはもう少し強く「外れろ！」なんて言うかもしれませんが、このタイガーはやっぱりとんでもありません。相手がパットを構えてこれでミスしたらタイガーの優勝！　という時に、「入れ！　決めろ！」と思うんだそうです。そしてそのパットを相手が決めたら、「俺はその上を行くぞ！サドンデスで、次のホールで実力で勝ってみせる！」と思うと言うのです。このタイガーの精神力の強さと言ったら、すごい！　としか言いようがありません。それくらい大きな心を、私も持っていきたいものだなと思いました。

皆さんは、どうでしょうか。人の失敗を期待したり喜んだりするのではなく、人の成功をも喜べる者になってみたいと思いませんか。それくらい大きな心を持ってみようではありませんか。相手がパットをする時に、「外れろ！」ではなくて、「入れ！」と念じ、そして入ったら心からそれを喜ぶことができ、さらに自分がその上を行ってパットを決めていく。そんな、人の成功を喜べる者でありたいと思います。そして、人が泣いている時には、共に寄り添って泣ける者でありたいと思います。

そうすると、上のほうで見ていらっしゃる神さまが私たちをさらに祝福してくださり、私たちにも勝利を与えてくださいます。やはりタイガーはすごい！彼がクリスチャンなのかどうかは分かりません。しかし彼の考え方は、さすがに世界一のゴルファーです。心の持ち方が全然違います。今日の「ビジネスと聖書一口講座」、このお話も何かの参考にしていただけたら感謝です。チャンネル登録をぜひお願いいたします。またこのメッセージ、お気に召されたら、知り合いの方にシェアをお願いします。

家族でミニゴルフ

9話　つらい時に勇気を与えてくれる曲

『ビジネスと聖書一口講座 From ハワイ』

「ビジネスと聖書一口講座」の時間です。ビジネス牧師の中林義朗です。今日はいつもとスタイルを少し変えまして、皆様に聞いていただきたい曲があります。今、つらいところを通っているという方、つらい時に勇気を与えてくれる曲です。きっと皆様に勇気を与えてくれる曲です。シンガーソングライター牧師の小坂忠さんのコンサートから、小坂さんのトークと歌をお聴きください。

「アメリカでロサンゼルスオリンピックが開かれた時がありました。このロサンゼルスオリンピックで、女子マラソンが初めてオリンピックの正式競技になりました。だから世界中が注目しました。僕もスポーツ大好きなので中継で見ていました。

最初のオリンピックチャンピオンはジョーン・ベノイトというアメリカ人の選手です。アメリカだから盛り上がりましたよね。そのレースでそのジョーン・ベノイト、一位になった選手よりももっと世界中に感動を与えた一人のランナーが誕生しました。彼女の名はアンデルセン。スイス人のランナーでした。どうしてかというと、ロサンゼルスは砂漠みたいな所ですから、そんな所のレースは過酷でした。それで多くの人が脱水症でふらふらになって走れなくなりました。彼女も脱水症になってしまったのです。まるで酔っ払いみたいにまっすぐに足が動かないのです。それでも彼女はあきらめずに最後まで走り通したのです。

彼女がスタジアムに戻ってきた時には、女子マラソンの関心がなくなってしまうような、そんな時間でした。それで、ふらふらしながらトラックをゴールに向けて走っていく、そのランナーのその姿を見て、みんな感動してしまいました。何で、何であきらめないいんだろう。でもそのふらふらしながらでも少しずつ前に進んでいく姿、感動的でした。スタジアム中の人がスタンディングオベーションで一人のふらふらのランナーをゴールに迎えました。

それを見ながら本当に思いました。一位になるって、皆さん、みんながなれないでしょう。でも彼女みたいな人生だったら、僕らも送ることができるのではないでしょうか。何があっても、ふらふらになっても、一人ひとりのゴールに向かっていく人生をあきらめない。最後まで走り続ける。その先に本当の勝利の栄冠が待っているんだと思います。それで作った曲です。

「『勝利者』、だいぶ前に日本テレビ系列で、『誰も知らない泣ける歌』というのがありました。そこでこの歌が取り上げられました。ディレクターから電話がかかってきて、『誰も知らない泣ける歌という番組です。』と言うではありませんか。何で僕のことを知っているの？知らないはずじゃないんですか。それで歌うことになったのですが、番組が、そのアンデルセンというランナーが今住んでいるカナダまで取材に行きました。その時、『あなたの走っている姿を見てこの歌が生まれたんですよ！』と番組が彼女にこの曲を送ってくれたらしいです。そうしたら彼女が『いや、私がやったことはたった一つ。あきらめなかったということだけなのに！』と、メッセージをくださいました。最後にその『勝利者』という曲を歌いたいと思います。」

勝利者　　作詞・作曲　小坂忠

何が苦しめるのか　何が喜びを　奪い去るのか
心の中にはいつでも　嵐のような戦いがある
勝利者はいつでも　苦しみ悩みながら
それでも前に向かう

君がつまずいた時　失望の波に　もまれていた時
君は一人でいたんじゃない　君を支えていた　誰かがいた

勝利者はいつでも　苦しみ悩みながら
それでも前に向かう

どんな力も神の愛から　君を離すことなどできない

勝利者はいつでも　苦しみ悩みながら
それでも前に向かう
勝利者はいつでも　傷つき悩みながら
それでも前に向かう

10話　ことばの持つ力
『ビジネスと聖書一口講座 From ハワイ』

「ビジネスと聖書一口講座」の時間がまいりました。今日のタイトルは、「ことばの持つ力」です。江本勝氏、ドクター江本という方が、ニューヨークタイムズでベストセラーになった本を出されました。〝Hidden messages in the water.〟『水に隠された秘密』という本なのですが、とても興味深い本で、アメリカでも注目された本と言えると思います。どんな話があるかと言うと、ことばの力を証明する実話です。

水に対して人間が言葉を発して、そしてその水を顕微鏡で調べると、その言葉に合わせて様々な結晶ができるというのです。皆さん、嘘みたいな本当の話です。「ありがとう。ありがとう」と水に言い続けるのと、「ばかやろう！　ばかやろう！」と言い続けるのでは、結果的に水の結晶の美しさに大きな違いがあると言うのです。えっ！　本当ですか？　という感じではないですか。携帯電話の使用前、使用後でも同様です。携帯電話は身体に悪いとか言われますが、使用前の結晶が綺麗な形をしているのに対して、使用後の水の結晶は崩れてしまっています。祈りの前の結晶と、祈った後の水の結晶も、明らかに形が違います。

私たちの身体は七十パーセントは水分でできていると言われています。とするならば、人に対して、ばかやろう！と言い続けるならば、どれだけの身体に対して危害を加えていると思いますか。また自分の身体に対しても同じです。「私なんかどうせ駄目……」ではなくて、感謝をしましょう。常に身体に対して、「今日も身体さん、お疲れさま。ありがとう」と言いましょう。お風呂にゆっくり入って、よく寝て、「また明日一日よろしくお願いしますね」と、こんな形で自分の身体をねぎらって、自分に話しかけてみてはいかがでしょうか。

特にお子さんをお持ちの方、または部下をお持ちの方は、そのお一人おひとりにどんな言葉を吐いていますか。彼ら一人ひとりも、人間として七十パーセントの水分を身体に持っています。とするならば、私たちが口から出す言葉がその人にどれだけの悪影響を与え、その人にどれだけの良い影響を与えているのでしょうか。ニューヨークタイムズでベストセラーになった"Hidden messages in the water"『水に隠された秘密』を読んでみてください。ドクター江本氏が書かれた本ですが、嘘のような本当の話です。私たちの身体に対して、または他の人に対して、どんな言葉を私たちは伝えているのでしょうか。これからは、心を癒し相手を生かす言葉を、口から出してみてはいかがでしょうか。

自分に対しても同じです。言葉というのは力を持っています。病は気からと言います。自分で、「もう駄目だ。なんか疲れた、調子が悪いなあ」と思えば、本当に身体は調子が悪くなってしまうものです。今日はゆっくり寝て、「お疲れさま。明日も一緒に頑張っていこう」と、感謝の言葉を口から出すことのできる者でありたいと思います。ことばの持つ力、あなたは信じますか。ビジネスと聖書一口講座、今日の話、いかがだったでしょうか。今日の話もぜひ皆さんの人生に役立ててください。行ってらっしゃいませ。

11話　スティーブ・ジョブズ氏の最後の言葉に学べ

『ビジネスと聖書一口講座 From ハワイ』

皆さん、こんにちは。「ビジネスと聖書一口講座」の時間です。ビジネス牧師の中林義朗です。今日は「スティーブ・ジョブズ氏の最後の言葉に学べ」というタイトルでお話をしていきます。

皆さんはアップルの製品を、一つはお持ちではないですか。一つどころではなく、iPadもあり、iPhoneもありと、ｉシリーズを五個も十個も持っているという人もいらっしゃるかもしれません。このスティーブ・ジョブズ氏は、ご存じのように、世界でも一番ビジネスに成功したビジネスマンの一人であると言ってもよいかもしれません。そのスティーブ・ジョブズ氏が最後に残したと言われている言葉を、今日はちょっとお読みして話を進めていきたいと思います。

「私は、ビジネスの世界で、成功の頂点に君臨した。他の人の目には、私の人生は、成功の典型的な縮図に見えるだろう。しかし、仕事をのぞくと、喜びが少ない人生だった。病気でベッドに寝ていると、人生が走馬灯のように思い出される。私がずっとプライドを持っていた有名になることや富は、迫る死を目の前にして色あせ、何も意味をなさなくなっている。生命維持装置のグリーンのライトが点滅するのを見つめ、機械的な音が耳に聞こえてくる。神の息を感じる。死がだんだんと近づいている。今やっと分かったことがある。人生とは富に関係のない他のことを追い求めたほうが良い。終わりを知らない富の追求は、人を歪ませてしまう。私のようにね。神は、誰もの心の中に、愛を感じさせるための感覚というものを与えてくださった。あなたの家族のために愛情を大切にしてください。あなたのパートナーのために。あなたの友人のために。」

スティーブ・ジョブズ氏は、間違いなく世界で一番の金持ちになれた者の一人であり、成功者となれた者の一人でしょう。「心の中に愛を感じる感覚がある」という言葉が出てきましたが、私たち、聖書的に理解する者としては、「ラブタンク」という言葉を使います。私たちの心の中にはラブタンクというものがあり、知らないうちにこのラブタンクを埋めようとして一生懸命仕事をし、一生懸命良いことをし、お金をたくさん儲け、地位を得ようとします。ところが、それらによって埋めることのできないタンク、ラブタンクというものがあるのです。この埋めることのできないラブタンクというものを埋めることができるものは何でしょう。それは、神さまの愛です。聖書の神さまを心に受け入れた時に、私たちは本当の意味での心の満たしを感じることができるのではないでしょうか。

私は三十五歳になるまで、聖書の神さまというものを知りませんでした。一生懸命つま先立ちをして、一生懸命上を目指して頑張りましたが、常に心の中が空っぽで、いつも心の中に空虚感がありました。頑張っている皆さん、そんな思いをしたことがありませんか。その空間は、お金でも地位でも名声でも埋めることができないのです。

スティーブ・ジョブズ氏が最後に残したと言われている言葉。ぜひ何かの参考にしていただきたいと思います。一生懸命頑張って働いても、この胸にぽっかり空いた穴を埋めることはできません。聖書の神さまにあなたも出会ってみませんか。ビジネス牧師の中林義朗でした。またこの時間に「ビジネスと聖書一口講座」で皆さんにお会いいたします。

長男の結婚式

12話　なぜマザー・テレサはそう言ったのか？

『ビジネスと聖書一口講座 From ハワイ』

皆さん、こんにちは。ビジネス牧師の中林義朗です。今日は、「なぜマザー・テレサはそう言ったのか？」という話をしていきたいと思います。

一九八一年、マザー・テレサが日本を訪問したことを覚えてらっしゃる方は多いと思います。彼女が日本に来られて、日本を回った後、帰りの飛行場で記者の方に感想を聞かれたそうです。「日本という国はどんな国でしたか？」と。すると、マザー・テレサは、「日本という国は本当に先進国であり、とても豊かな国です。世界で一番貧しい国はインドです。そして日本は世界の中でも裕福な国の一つでしょう。しかし、日本は世界一、心が貧しい国です」という言葉を残したそうです。

「日本は心が貧しい国である。」なぜ彼女はそんなことを言ったのでしょうか。何を見てそういうふうに思ったのでしょうか。一つのエピソードを聞いたことがあります。彼女が日本を回っていた時、いろんな企業を回って、インドでの貧しい人々を助ける働きについて、「助けていただきたい。献金をしていただきたい」と話をしたそうです。すると、ある日本の企業の人が、「喜んで！　マザー・テレサさん、あなたがおっしゃることなら、いくらでも援助しましょう。その代わりに、私たちの会社のために何をしてくださるんですか？」と言ったそうです。すると、マザー・テレサは、「あなたの会社からは一銭も要りません。何の助けも必要ありません」と言って帰られたのだとか。どう思いますか？　日本が世界一心が貧しい国とマザー・テレサが言われた理由の一つを、このエピソードは表していると思います。

聖書的にはこれをどう理解したらよいのでしょうか。私はこんなふうに説明をしたら分かりやすいのではないかと思います。聖書の中には三種類の愛があると言われています。一つはエロスの愛、一つはフィリアの愛、そして一つはアガペの愛。

エロスの愛というのは自己中心の愛で、Me, me, me! 自分のことばかり、自分を満足させることばかりを考えています。エロ本とか、エロビデオなんていう言葉はここから来たのです。自分のことしか考えず、人に分け与えることは一切しない自己中心的な愛です。

もう一つの愛はフィリアの愛。日本人はこれがすごく得意なので、礼儀正しい国であると言われます。これはどういうことかと言いますと、You and me の行って来いの愛です。これだけしてあげたんだからこれだけしてくれてもいいだろう。これだけしてもらったからお返しにという具合です。「お返し文化」という意味では、日本は世界一かもしれませんね。先程のエピソードの企業の人も、フィリアの愛の感覚で、マザー・テレサに「私たちの会社のために何をしてくださるんですか?」と話をしてしまったのだと思います。

ところが世界というのはやっぱり広いのです。世界の多くの国では、聖書を理解し、そして聖書を土台にして成り立っていて、神さまが第一であり、私たちが神さまから命をいただいて生かされていることを知っています。神さまによって与えられたビジネスと考え、神さまによって与えられた利益を

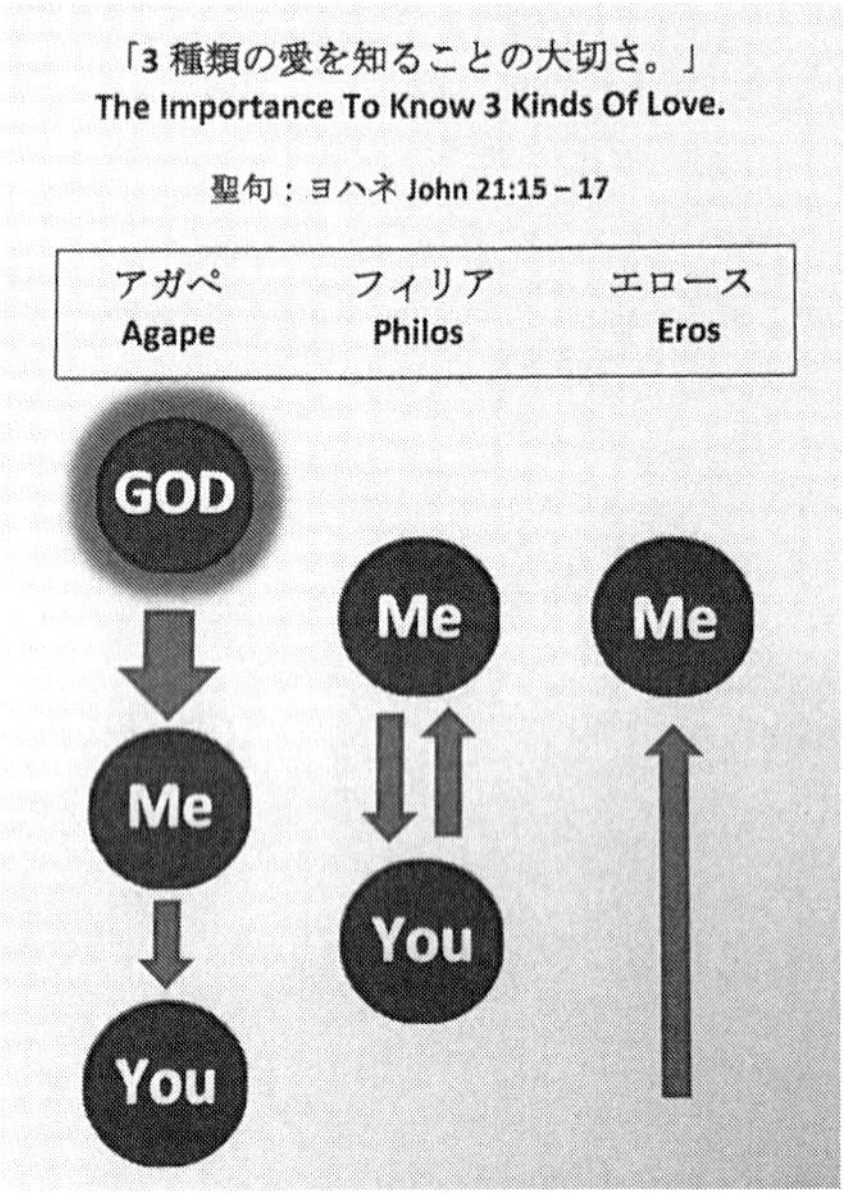

三種類の愛

必要な人たちに還元していくということを実践しています。また、そうすることによって、さらに神さまが私たちを祝福してくださるのです。これは、行って来いの愛とは全く違います。アガペの愛というのは、神さまの愛を受けて、自分も愛されたのだからと、相手に対しての見返りを一切期待せず人に分け与えます。この考え方がアガペの愛です。そして、神さまが必ずこの働きに報いてくださり、違う人を使って自分を祝福してくださいます。天地の創造主なる神さまと聖書を理解した世界の人々は、こんなことを信じて生活し、ビジネスを行っているのです。

なぜマザー・テレサは、日本は心の貧しい国だと言ったのでしょうか。日本では、このアガペの愛を理解できずに、フィリアの愛、やエロスの愛に生きている人が多いと、マザー・テレサは気づいたのではないでしょうか。

マザー・テレサがこんな言葉を言われました。

思考に気をつけなさい、それはいつか言葉になるから。
言葉に気をつけなさい、それはいつか行動になるから。
行動に気をつけなさい、それはいつか習慣になるから。
習慣に気をつけなさい、それはいつか性格になるから。
性格に気をつけなさい、それはいつか運命になるから。

今日の「ビジネスと聖書一口講座」は、「なぜマザー・テレサはそう言ったのか？」、こんなタイトルで話をしてみました。またこの時間にお会いいたしましょう。

神さまによって与えられたビジネス（アドバイザーと）

第三章

創造主を知って人生を変える

13話　人間取扱説明書
『ビジネスと聖書一口講座 From ハワイ』

皆様、こんにちは。「ビジネスと聖書一口講座」の時間です。ビジネス牧師の中林義朗がお届けします。今日のタイトルは「人間取扱説明書」。何だそれは？という感じだと思いますが、私たちがどんな電化製品を買っても、その電化製品の取扱説明書というのが付いてくるのではないでしょうか。その電化製品を作った方がいて、その方にしかその製品の使い方がよく説明ができないからです。ですから商品を使っていて分からないことがあると、取扱説明書を見るのです。すると、「ああそうか、このボタンを押していくとこの画面が出るんだな、このボタンを押していくとボリュームが大きくなるんだなあ」というふうに分かってきます。ですから、どうしても取扱説明書というものが必要です。

皆さん、私たちには実はこの聖書というものが与えられています。聖書は英語で「BIBLE」（バイブル）と言いますが、この頭文字をとっておもしろいことを言った人がいます。「Basic Instruction Before Leaving Earth.」どういうことかといいますと、「この地上を去る前の基本的なインストラクション」だと言うのです。天国に帰るまでこの地上での生活をどのように生きていったらいいのだろうか。または人間関係をどのようにしていったらいいのだろうか。またはビジネスをどのようにしていったらいいのだろうか。どういうふうに考えて私たちは生きていったらいいのだろうか。そんなことを、この聖書は実は私たちに教えているのです。

人間を造った創造主なる神さまがおられるとするならば、その神さまは私たち人間という製品の取扱説明書も用意してくださっているのではないでしょうか。神さまが私たちを造ってくださったからこそ、その難儀な人間という製品を取り扱う方法が、この聖書に書かれているといっても過言ではないでしょう。どうでしょうか。皆さんに私は宗教を勧めているのではありません。ただ、聖書というものを読んでみませんかとお勧めしたいのです。この聖書の中には、たくさんの素晴らしい教えが書かれています。

私は三十五歳を過ぎてから、「聖書は素晴らしい書物である。この素晴らしさを一人でも多くの人に伝えたい」という思いから、勉強して牧師になりました。そして教会の仕事をしているだけでなく、会社の社長として、

クリスマス説教

自分のビジネスも持っています。それだけではありません。私には八人の子どもたちが与えられていますが、その八人の子どもたちをホームスクーリングしています。そして、ホームスクーリングの学長もするほどになりました。しかし、聖書の神さまに出会うことがなかったら、八人の子どもたちが与えられることもなく、きっと離婚になっていたと思います。

皆さんも、この話は何かが違うなと思いませんか。その聖書の言う、生活の仕方やビジネスの仕方を学んでみたいと思いませんか。そんな皆様に、人間取扱説明書である聖書をおすすめいたします。またこの時間、「ビジネスと聖書一口講座」で皆様にお会いいたします。ビジネス牧師の中林義朗でした。素晴らしい一日をお過ごしください。

14話　あなたの価値は下がりません

『ビジネスと聖書一口講座 From ハワイ』

皆様、こんにちは。「ビジネスと聖書一口講座 From ハワイ」の時間です。ビジネス牧師の中林義朗が担当いたします。あなたの価値は下がらない！今日はこんな話をしたいと思います。どうでしょうか。うまくいっている時は自分の価値は高いけれども、何かうまくいかなくなると価値が低くなるという体験をしますよね。日本では、「勝ち組」「負け組」なんていう悲しい表現の仕方があります。勝ち組にいるうちは価値が高くても、一晩経って負け組に落ちた時には価値が下がってしまうということはありませんか。

アメリカ人に「あなたは価値のある人間ですか？」と聞くと、八十パーセント以上の人々は「私は価値のある人間だ」と言います。ところが、日本人に同じ質問をしますと、残念ながら三十パーセント以下の人々しか、自分は価値がある人間だと表現できないのだそうです。一体何が違うのでしょうか。

ここに一万円札があります。この一万円を今日皆様に差し上げますから、これで好きなものを買ってくださいと言ったら、もらっていただけますよね。ではこれをぐしゃぐしゃぐしゃっと丸めてしまいましたが、これでももらっていただけますか。ではこのぐちゃぐちゃになったのを雨の降っている日に道路に置いて、車にひかれてびちょびちょのごちゃごちゃのごわごわになってしまったのですが、それでももらっていただけますか。きっと多くの方々が、「もらいます」と言ったと思います。なぜだと思いますか。それは、ぐちゃぐちゃになってもごわごわになったとしても、その一万円の価値は変わらないからではないでしょうか。

私たち人間を創造し、天と地を造られた神さまが本当におられるとしたら、その聖書の神さまは聖書の中で、「あなたの価値は下がらない」と言われます。「わたしはあなたを愛する。わたしの目にはあなたは高価で尊い」と。私たちがどんなに大変なところやつらいところを通ったとしても、私たちの価値は決して下がらないと聖書の神さまはおっしゃっています。私はこのことばを聞いて、どれだけ励まされて生きて来たことでしょうか。あなたの価値は下がらないのです。たとえ受験に失敗したとしてもです。失恋をすることもあるでしょう。喧嘩をしたり、離婚をしたり、会社をクビになったり、事業を失敗したり、なんてことも人生の中にはあります。でもそれであなたの価値が下がったわけではありません。それであなたの人生が終わったわけでもないのです。

エジソンにも有名な話があります。エジソンは、有名な発明をするまでに千回失敗したと人々から言われました。ところが、エジソンは失敗をしたとは言いませんでした。「千回、私は失敗したとは言いません。千回、成功できない方法を学びました」と言いました。そして、ついに成功を手にしたのです。私たちがあきらめた時に、本当にあきらめたことになるでしょう。私たち自身があきらめなければ、それは失敗でもなく終わりでもありません。そして聖書の神さまが言われるように、たとえ事業に失敗したり、離婚したりしたとしても、それはあなたの価値を下げることではありません。また勇気を持って、私たちを愛してくださっている方がいることを信じて、再び立ち上がろうではありませんか。

神さまによって命が与えられたことを信じて生きる時、私たちは本当に生きることが楽になります。あなたもこの聖書の神さまに出会ってみてはいかがでしょうか。私たちの価値は決して下がることはありません。「ビジネスと聖書」、今日の一口講座はいかがだったでしょうか。ハワイから、ビジネス牧師の中林義朗がお伝えしました。素晴らしい一日をお過ごしください。

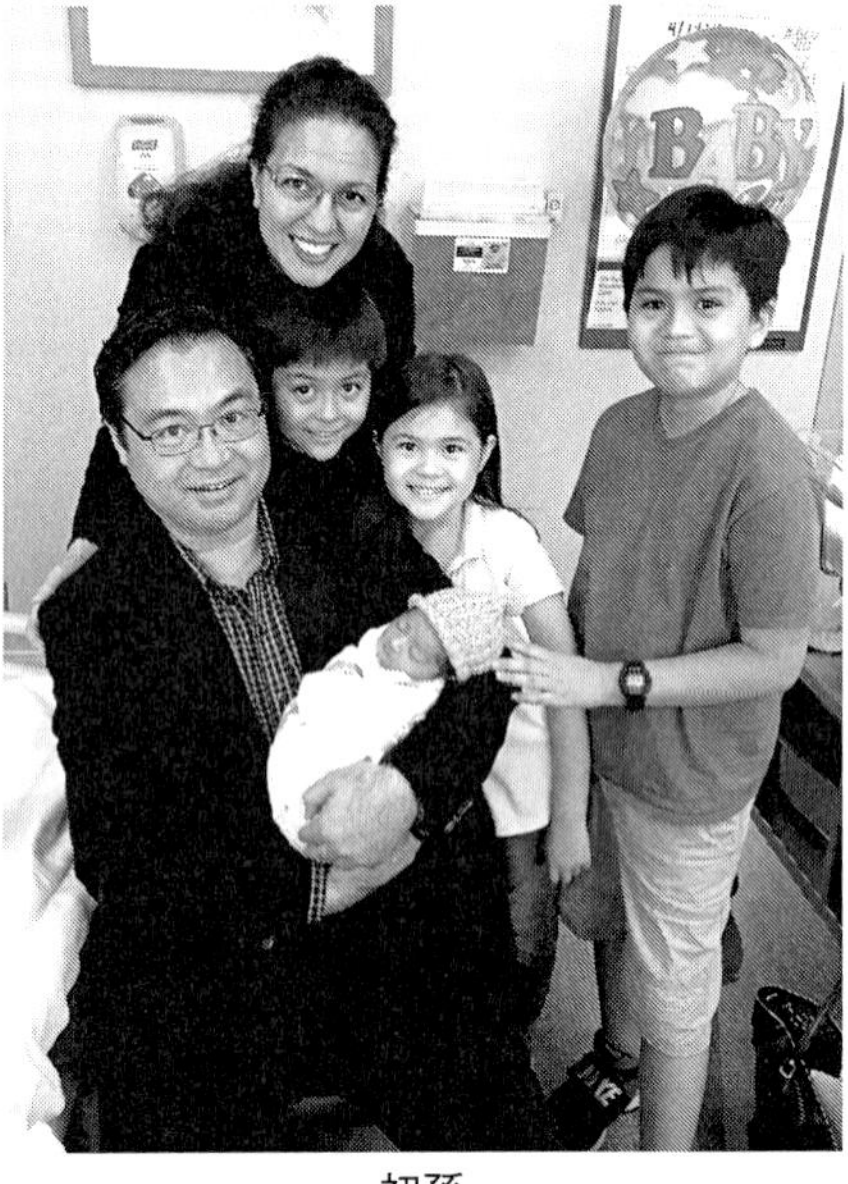

初孫

15話　男と女の違いを知る

『ビジネスと聖書一口講座 From ハワイ』

「ビジネスと聖書一口講座」の時間がまいりました。今日は男と女の違いについて、お話をしてみたいと思います。聞いてみたいと思いませんか。私が牧師として、普段一番多く時間を費やすのがカウンセリングです。結婚している夫婦やこれから結婚しようという男女など、いろんな形のカウンセリングをしますが、ハワイに私どもは住んでいますから、国際結婚の方がすごく多いのです。最初のうちは、文化の違いもあるし、言葉も違うし、やはり問題は多いよなと思っていました。ところが最近、こういうことに気づいてきました。夫婦の問題、または男女の問題というのは、やはりあまりにもお互いが男と女の違いを知らなすぎることによって起きるということに気づきました。今日はその一部ですが、何かの参考にしていただけたら幸いです。

男の脳みそはワッフルのように神さまが造ったと言われます。それに対し、女性の脳みそはスパゲッティーのように造られました。何の話でしょうか。男性というのは、一つ一つのことを分けて話をしたいし、分けて考えたい。それに比べて女性の場合はワイヤーのように絡まって物事を考えることができる。これは大きな違いなのです。男性は一つのことにぐっと集中できるように神さまに造られたため、仕事をさせると一つのことに集中することができる男性が多いと言われます。その反面、女性は広く浅く

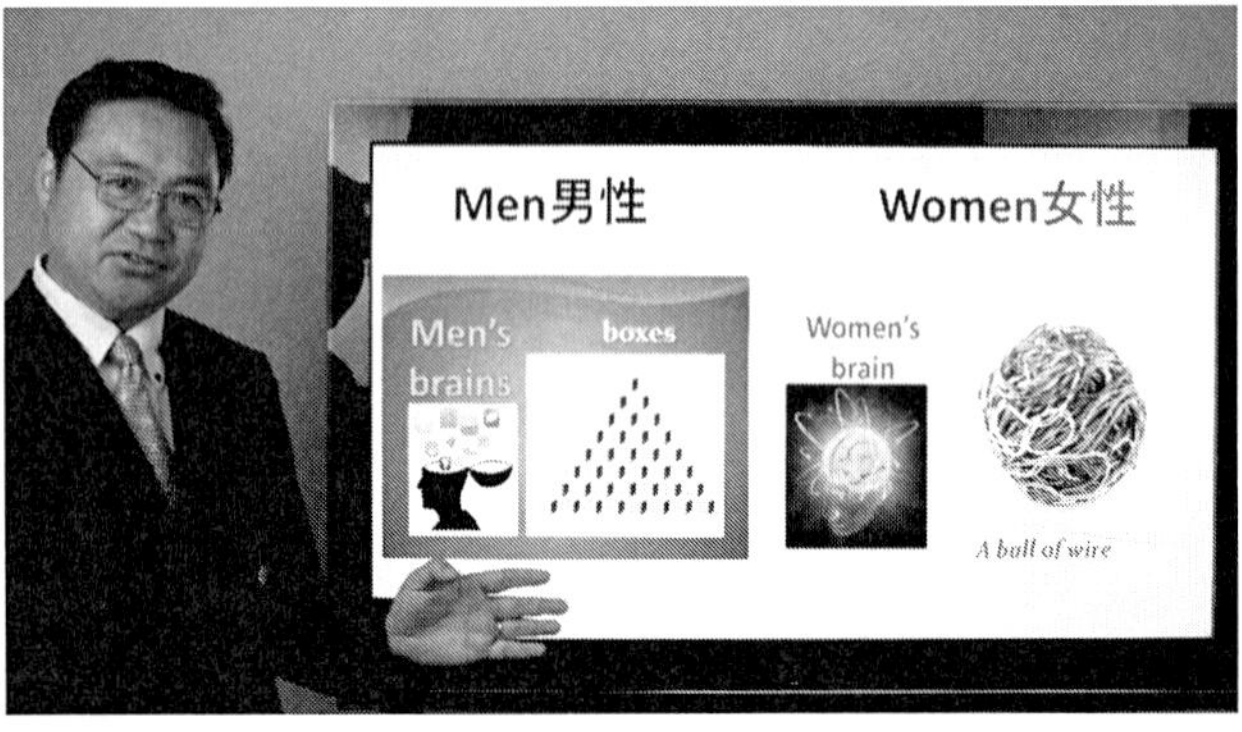

男と女

いろいろなことを考えることができます。ですから男性と女性が愛し合って一つになることによって、集中する男性を、男性が気づかないところを補うことができる女性が補い、助けることができるのです。そう理解していただくと、問題が少なくなってくると思います。ですから女性は、料理をしながらテレビを見て、ラジオを聞きながら電話をして、子どもを叱ることができます。男性には到底そんなことはできないのです。一つ一つのことしかできないのが男性だと思ってください。

医学的に、男性と女性の脳を見てみましょう。女性の脳を見てると、右と左で考え方が行き来しています。伝達しているのがよく分かりますね。それに比べて男性の脳というのは、前後に動いているのがよく見えます。脳溢血になって倒れる（英語でストロークと言いますが）のは、片方の脳が詰まってしまったことによって起きるのです。しかし、女性は、右と左の脳がつながっていて伝達ができているから、たとえ脳溢血になっても言語障害を回復するのが早いのだと言われています。ところが男性の場合は、前後の動きを特にしますから、回復に時間がかかります。どうでしょう。一つぜひ参考にしていただきたいと思います。男性と女性では考えていることが違います。それだけではないです。女性というのは右と左の脳がつながっていますから、特に話をすることが得意なのです。一方男性の脳は、前後の動きをしますから、筋肉とか運動の能力に長けていると言われます。

男性が一日だいたい四千語話すとくたくたになると言われますが、女性はその倍の

男と女の違い

八千語話さないとストレスが溜まってしまうということも聞いたことがあります。男性は仕事をして一日四千語を使い果たして、へとへとで家に帰って来ます。ところが女性は子どもの世話をしていて、大人との会話がなく、何千語も使う暇もないので、旦那が帰って来ると、「今日これがあってね、こうこうで、こうこうこう」と一生懸命八千語話そうとします。それを旦那さんは、「もう今日疲れたから寝かせてくれよ。本当に疲れたんだよ」と拒否します。これが一日、二日、いや一週間、一カ月経つと、女性は爆発してしまいますよ。

ですからこの男と女の違いをよく理解して、お互いの足りないところ、またお互いの強みを、お互いに補っていきましょう。そして二人が一つになって大きな力を成していくのです。女性がごちゃごちゃごちゃごちゃうるさいなあと男性はよく思うのですが、でもそれは、細かいこと、広いこと、広く浅くいろんなことに目が届くように神さまが女性を造ってくださったからです。男性のみなさん、「うるさいなあ」ではありませんよ。あなたに足りないところをあなたの奥さんがあなたの彼女が補ってくれると、あなたはさらに磨きがかかった男へと成長することができるのです。今日の「ビジネスと聖書講座」、いかがだったでしょうか。男と女の違い。参考にしてください。チャンネル登録もお願いします。

16話　周りに振り回されない生き方

『ビジネスと聖書一口講座From ハワイ』

皆さん、こんにちは。「ビジネスと聖書一口講座」の時間です。ビジネス牧師の中林義朗です。今日の話は「周りに振り回されない生き方」です。どうですか、皆さんは。周りに影響され、あっちやこっちに引っ張られ、自分は、「自分のためより人のために生きているのでは？」と思っている方がいらっしゃいますよね。私も実は、そういう生き方をしていたことがあります。八方美人になってあっちへもいい顔、こっちへもいい顔をしていると、結局は、自分がずたずたになって疲れ果てて倒れてしまいますよ。今日はぜひ、この話を参考にしていただきたいと思います。

飛行機に乗りますと、救命胴着の説明というのが必ずありますよね。飛行機が飛ぶ前に必ず読んでくださいという説明書きです。ビデオでの説明もありますよね。その中に、緊急時のマスクの説明があるのが分かりますか。マスクが落ちてきた時に、皆さんに質問します。普段気づいているようで気づいていないかもしれませんが、こんな質問をしたら何と答えますか。飛行機の中でマスクが落ちてきて、酸素が薄くなってマスクを着けてくださいという時に、「子どもから先に着けなさい」と言っているか、それとも「自分から先に着けなさい」と言っているか、どちらだと思いますか。私は以前は、え？それは子どもじゃ

八人の子どもたちと

ないかな？　と思っていました。しかし、実はその説明書をよく見ると、子どもではなくて「自分から先にマスクを着けなさい」と書いてあるのです。私には八人も子どもが与えられましたから、子ども八人にマスクを着けていると、その間に自分が倒れてしまいますよね。ですからまず自分がしっかりマスクを着けて、そしてお兄ちゃんお姉ちゃんに着けて、そしてお兄ちゃんお姉ちゃんがまたもっと小さな若い兄弟にマスクを着けていく、そんなことが大切だというのです。

何でそんな話を私が今しているかと言うと、人の助けをする前にまず自分がしっかりマスクをして、息がしっかりできて初めて、人を助けなさいということなのです。人のため、世のため、神さまのためと言いながらも、自分が疲れ切ってぼろぼろのままで人を助けることは、とっても難しいと思いませんか。

「ビジネスと聖書一口講座」ですから、今日はこの十字架を使います。皆さんにキリスト教を強制しているわけでもないのですが、この十字架をちょっと見てください。縦のラインと横のラインがありますよね。縦のラインのほうが長いですね。そして横のラインが短いですよね。実はこれも私たちの人生にとても役に立つ教えなのです。まず、人生において一番大切なのは、私たち、私と神さま、私に命を与えてくださった神さまとの縦の関係、この関係が何よりも大切だということです。そして初めて、横の関係があるのです。だから横の関係は短くできているのです。

そして、それだけでなくて、ちょっと手を広げてみてください。手を広げて回してみると、自分の届く範囲というのが分かると思います。では自分の届く範囲以外の所に手を伸ばして何かを取ろうとするとどうでしょう。自分の軸がずれてしまいます。自分の軸をずらさないとそこに手が届かない、そんな生き方をしてはいけないということです。私たちが軸をしっかり神さまと一つにした時、その軸から手を横にして届かないところには、あなたは手を出すべきではないということです。ノーと言えますか。どういう時にノーと言えますか。境界線を作っていかなくてはいけません。私たちにはできることとできないことがあるのです。自分の手の届く範囲の人助けはいいでしょう。でも自分の軸をずらしてまで、人を助けるということはどうでしょうか。結果的に自分が疲れ、周りに振り回され、自分がぼろぼろになり、最終的に家庭が崩壊してしまいます。今日の「ビジネスと聖書一口講座」、いかがだったでしょうか。周りに振り回されない生き方、何かの参考にしてください。またこの時間に皆様にお会いいたします。

17話　SIN

『ビジネスと聖書一口講座 From ハワイ』

「ビジネスと聖書一口講座」の時間がまいりました。私はビジネス牧師の中林義朗と申します。今日のタイトルは、S・I・N、何のことでしょう。英語で「SIN」のことを「罪」と言います。SというのはSouth（南）の頭文字、NはNorth（北）の頭文字、SとNの間のIが自分であると言った方がいますが、聖書の言うこの世の最大の罪は、「自分が世界の中心だ」という考え方なのです。

どうでしょうか。私はこの話を聞いた時に、「一本やられたな！」と本当に思いました。私は人も殺さないし、物も盗みません。ちょっとした嘘はつくかもしれないけど、そんな人に迷惑をかけるような嘘はつきません。それで、「私を罪人、罪人と呼ばないでほしい」と、最初に教会に来た時には思っていました。ところがこの話に出会いました。人殺しも、物を盗むことも、嘘をつくことも、それは確かに悪いことだけれども、それ以上に神さまが嫌う最大の罪が、「自分が世界の中心である」という考え方だとしたら、皆さんはどうでしょうか。「であるならば、私は確かに罪人です」と認めざるをえないのではないでしょうか。

自分が中心の「I love me.」で、私は本当に自分を愛しているという人。自分が成功するためならば、人も使い、神さまも使い、そして自分がのし上がっていくという人。結果的には一人ぼっちになっちゃいますよ。お金に従うのか、神さまに従うのか？　なんて迷っている方がいますが、その考え方のどこが問題なのか分かりますか。自分が世界の中心で、神さまをも利用しお金をも利用するなんて、どっちに従ったらいいのかと迷うことすら、もうすでに自分が世界の中心だという証拠ではないでしょうか。私もかつてはそこに居たので、大きな声を出して今はこの話ができるのです。

三十五歳になって私はクリスチャンになりました。それまでは聖書も分からないし、イエスさまのことも分かりませんでした。ただ一生懸命成功を目指して、お金儲けに頑張って、一日も早く有名になること、地位が上がることを目指して生きてきましたが、いつまで経っても満足ができませんでした。そして教会と出会い、聖書と出会い、私が世界の中心だという考え方がある以上、この世では絶対に満足ができないということを学びました。

神さまを第一において、人のため、教会のため、社会のため、家庭のために私が働くことができる時、初めて神さまが私たちの周りの人々を使って、私たちを祝福してくださいます。これが聖書が教える神さまのPrinciple、すなわち法則ではないかと思います。自分が中心ではありません。神さまが第一で、自分に与えられたタレントを生かし、教会、人、社会、家庭のために働く時に、人々が私たちを祝してくださり、神さまが人を使って祝福してくださるのです。マザー・テレサは、無条件の愛はただ与えることであることを証するために、貧しい人を助け、人のため、世のため、神さまのために働きました。そして、世界中の多くの人々がその働きを見て、「私もあなたを応援させていただきたい！」と賛同し、彼女の働きを支えるようになりました。

世界の中心が私であるという考え方が、

ハワイ訪問中の敬愛する牧師に囲まれて

聖書が教える最大の罪なのです。今日はこのお話をさせていただきました。何かの参考にしていただきたいと思います。今日の「ビジネスと聖書一口講座」、いかがだったでしょうか。また次回、皆様にこの時間にお会いいたします。

18話　100人の聖書

『ビジネスと聖書一口講座 From ハワイ』

「ビジネスと聖書一口講座」の時間がまいりました。ビジネス牧師の中林義朗です。今日はこの本の中からお話ししていきたいと思います。『１００人の聖書』という本があります。お近くのキリスト教書店、Amazonなどでも注文することができますが、世界中の有名な人々、そして成功した人の多くは聖書を読んでいたというお話です。有名なところでは、音楽家では、バッハ、モーツァルト、ベートーベン。そしてアメリカの歴代大統領のワシントン大統領にリンカーン大統領、レーガン大統領も、聖書をよく読み政治を行っていたそうです。

これは音楽の世界や政治の世界だけではありません。実は日本の会社の創業者にも、聖書に精通していた方が多いということは皆さんご存じでしょうか。例えば有名な実業家であるパナソニックの松下幸之助さん。この方はクリスチャンではなかったようですが、聖書をよく読み、勉強されました。松下幸之助という名前で出された本はたくさんありますが、この方が語られた一言一言の基礎になっていたのが聖書のことばです。五十嵐健治さん。白洋舎を作った方です。このハワイにも白洋舎がありますが、本当に聖書をベースにして作られた会社であります。パイオニアという会社はご存じでしょうか。実はこのパイオニアという会社の元の会社名は「福音電気」と言われたくらい、この会社の松本社長という方も、聖書をそのままビジネスに生かしていった方の一人であると言えるかもしれません。松本社長は、牧師だったとも言われています。

海外の企業家も何人か紹介しましょう。韓国のForever21という店が日本にもハワイにもたくさんあります。その創業者が韓国の方ですが、とても有名なクリスチャンの方であるということを聞いています。この会社の商品を買ってパッケージをもらうと、John3:16、ヨハネ三章十六節という言葉が書いてあります。そのように、聖書のことばもパッケージに入れてしまうほど素晴らしいクリスチャンなのだそうです。そして、ドミノピザ。この創業者もクリスチャンです。そして、ケンタッキーフライドチキンの創業者、カーネル・サンダースという有名なおじいさんもまた然りです。

実はクリスチャンとして十パーセントの献金をするというのは、最低限それは当たり前のことなのですが、この方たちはなんと、自分の収入の九十パーセントを献金して、残りの十パーセントでも十分大富豪になったクリスチャンビジネスマンと言われています。こんな話、聞いたことないでしょう。日本にいた時は、私はこんな話は聞いたことがありませんでした。神さまに与えられたから、神さまに喜んでお返しが出来る。神さまにお返しが出来るから、神さまがさらに祝福を与えてくださり、さらに成功させてくださる。だから彼らはもっと与える。そんな形で、十パーセントの献金からスタートしたのが九十パーセントになり、献げてもさらに神さまが与えてくださるようになったという奇跡を体験した、代表的な人々と言えるかもしれません。

ケンタッキーフライドチキンのカーネル・サンダースさんなのですが、実はご存じでしたか。七十歳になるまで何をやってもうまくいかなかったそうです。皆さん、「もう私は歳だ。私はこれ以上何もできない。」そんなことを言っている場合ではありません。七十歳にして、彼は神さまにこう祈ったそうです。「神さま、私はこれからあなたが与えるものから九十パーセントをあなたに大胆に献金しますから、私を成功させてください」と。すると神さまが、「あなたのお母さんから受け継いだチキンを料理するレシピを使ってチェーン展開をスタートしなさい」と言われたので、このケンタッキーフライドチキンができたのです。そして、それは、彼が何と七十歳の時だったと言われます。そして、フランチャイズがこの時から始まったと言われています。そしてそれからチェーン展開をして、七十六歳の時には六百店舗、七十九歳で日本にオープンして、八十九歳の時に四十八カ国一万店舗が作られました。それくらい成功したと言われているのです。七十歳を過ぎてから、神さまに知恵が与えられて成功者となったということです。

いかがでしょう、皆さん。聖書を読んでみたらいかがですか。神さまに知恵を与えられ、あなたのタレントを生かして、人のため、世のため、神さまのために働いてみてはいかがでしょうか。も

我が社のハワイショールーム

う私は歳だなんて言っていらっしゃる皆さん、もうそれは通用しませんよ。何歳になっても、神さまによって知恵を与えられて生きていこうではありませんか。素晴らしい一日をお過ごしください。また、この「ビジネスと聖書一口講座」の時間に皆さんとお会いいたします。

第四章

真理を知って人生を変える

19話　イスラエルが世界の日時計である

『ビジネスと聖書一口講座 From ハワイ』

皆さま、「ビジネスと聖書一口講座」の時間がまいりました。知っておくと生き方が変わります。「イスラエルが世界の日時計である」。今日はこんなタイトルでお話をしていきたいと思います。

「イスラエルが世界の日時計である」という言葉を、聞いたことがありますか。もしかしたら聞いたことがないという方がいらっしゃるかもしれませんが、実は私は先日、イスラエル、そしてヨルダンという所を旅して来ました。え？ そんなに危ない所に行って大丈夫なの？ と思われるかもしれませんね。私もそう思いましたが、無事に十日間、素晴らしい旅をして帰って来ました。毎日一万八千歩観光地を歩いて、無事に帰って来ました。その旅の中で、一つ、ヨルダンという国でペトラという所に行って来ました。ご存じでしょうか。インディー・ジョーンズという映画がありましたが、その舞台となったペトラ。なんとも素晴らしい場所でした。口では表現できません。ぜひできたら一生に一度は足を運んでいただきたい場所です。そして、私も初めてうちの娘とラクダに乗ってみましたが、とても楽しかったです。そんな経験を今回してきました。

その中で今日お話ししたいのは、イスラ

オリーブ山から

エルが世界の日時計であるということです。どんな話なのでしょうか。今日は西暦二〇一八年ですね。西暦というくらいですから、どこからそのスタートが起きたのでしょうか。ご存じのように、イエス・キリストの誕生です。つまり、イエスさまの時代から二〇一八年が経ったということですね。そしてその昔はＢＣと言いましたね。ＢＣ一〇〇〇年、ＢＣ二〇〇〇年とかいいますが、Before Christ の略です。イエスさまの前一〇〇〇年、イエスさまの前二〇〇〇年とかいう言い方をするのです。

ペトラ

世界の中心はどこですか？　と聞かれたら、皆さんは何と答えますか。ロンドン？　パリ？　ニューヨーク？　東京？　今では上海なんて言う人もいるかもしれませんね。それは経済的には世界の中心であるかもしれませんが、私たち天地の創造主なる神さまを信じる者は、実はイスラエルが世界の日時計であり、中心であると信じているのです。

西暦の話を先ほどしました。今はイエスさまを中心に二〇一八年です。イエスさまを中心にですから、イエスさまの前も合わせると、聖書の歴史は六千年から八千年と言われます。最初は、天地やアダムとエバが創造されたところから始まり、最後には世界最終戦争が起きるんだという預言がされています。日本語ではハルマゲドン、Armageddon、そしてヘブライ語ではメギドと言っています。今回のイスラエルの旅の一つの目的は、メギドの平原、世界戦争が起きるこのハルマゲドンの平原を見ることでした。聖書の中には二億の軍勢がここに攻めて来ると記されていま す。最終的には、このイスラエルという国を中心に戦争が起きて、そして最終戦争が起きると言われています。

どうでしょうか、皆さん。ニューヨーク、東京、上海、ロンドン、パリ、それらの都市を中心に、自分は遅れている、もっと頑張らなくてはいけない！という考え方に縛られていないでしょうか。聖書が教える世界の中心、聖書が教えるこの世の流れということを覚えて生きることによって、生き方が全く変わってきます。私もこの教会と出会って、聖書と出会って、生き方が変わりました。こんなにレイジーに働いていいのか、もっと上を、もっと早くと頑張ってきましたが、聖書の神さま、全知全能なる神さまに出会った時に、イスラエルが実は世界の中心であるということを知りました。そして和平協定が一つの鍵と言われていますから、ニュースを見る時にイスラエルのニュースをもう少し気を配って見ながら、日々の生活をしてみることをおすすめします。今日の「ビジネスと聖書一口講座」、知っておくと生き方が変わります。イスラエルが世界の日時計である。頭において、今日を生きていただきたいと思います。

20話　イスラエルを中心に一体化している
『ビジネスと聖書一口講座 From ハワイ』

ビジネスと聖書一口講座。皆さんお元気ですか。知っておくと生き方が変わります。「イスラエルを中心に一体化している」。今日はこんな話をしてみたいと思います。先日、イスラエルとヨルダンの旅に行ってきました。約十日間の旅でしたが、とてもいろんなことが勉強になり、楽しい経験をすることができました。食べ物も本当に美味しくて、野菜がものすごく安くて、お肉や魚は高いのですが、イスラエルに長く住んでいるとベジタリアンになってしまう人が多いというくらい、野菜が豊富な素晴らしい町でした。

イスラエルを中心に一体化しているという話をします。オリーブ山という所からエルサレムを見下ろすと、黄金のドームがあるということを聞いたことがあるかと思いますが、参加者十七人の方々と一緒に行ってきました。西壁という所もご覧になったことがあるかと思いますが、ユダヤ教の方たちが今でもこの西壁の所で救い主が来るようにとお祈りをしています。私もキッパという帽子をかぶってお祈りをしてきました。本当に良い体験をすることができました。

石堂由美さんと言う方が、日本語で素晴らしいガイドをしてくださいまして、いろ

西壁

いろと勉強になりました。イスラエルという所はそんなに広い所ではないのです。でもその広くない場所において、この聖書の世界や地理的な世界や歴史が、霊的にも肉体的にも、本当に一つになっているなあということを感じさせられました。例えばこの聖書は旧約聖書と新約聖書から成っていますが、同じ場所を観光しても、普通ですと、この話はこちら、あの話はこちらというふうになると思うのですが、イスラエルの場合は、特にエルサレムの狭い所においては、上にどんどん重なっていくような世界です。ソロモン王のいた時代の何千年も

BFP オフィース前にて

前の世界の跡から、その上にはそれが壊されて新しいものが上に建っていき、またそれが壊されて上に建っていくのです。ということで、この歴史がもう何千年もの歴史が積み重なった場所であるということを勉強しました。ですから行く所、行く所で、旧約聖書や新約聖書で話している内容がこの場所で起きたんですよと言われ、一つ一つが驚きではありました。

このエルサレムという所は、大きく分けると四つの町に分かれています。昔はアルメニアという人々がそこに住んでいたのですが、今はクリスチャンの住む地区があり、またイスラム教徒が住む地区があり、またユダヤ教徒が住む地区があります。全く違う宗教を持つ、また生活スタイルも違う人たちが、一つの町をうまく分けています。そして、そこだけにいるのかと言ったらそうではないのです。お互いに生活をし、お互いに働くこともあり、お互いに食事をすることもあり、仲良く話すこともあるのだとか。ですから違いを越えて、たまには喧嘩をすることもあるでしょうが、基本的には仲良く人々が暮らしているという、そういう理解でいてくださったら良いかもしれません。

私たちの人生においても、ここから何を学ぶことができるでしょうか。やはり、違いのある人たちというのは、考え方が違う人たちというのはいるものです。日本人は、意見が合わないとあなたとは話もしたくない！という結末になってしまうことが多いのですが、そうではなくてやはり私たちも論争上手にならなくてはなりません。お互いの違いを認め合った上で、自分の言いたいことをちゃんと主張するのです。そして相手の言いたいこともしっかり聞いてあげた上で、「私はあなたの考えに同意はできないけれども一緒に頑張ってやっていきましょう」。こんな付き合い方が大切なのではないかなと思います。そういえばこんなことも言っていました。宗教が違う同士では、結婚をすることは極力避けるそうです。やはり苦労するのは自分ですから。あまりにも習慣や考え方が違うからです。でも生きていく上では、お互いの違いを尊重しながら生きていかなくてはいけないそうです。

今日の「ビジネスと聖書一口講座」、知っておくと生き方が変わります。「イスラエルを中心に一体化している。」なんか世界の縮図みたいな町を見てきましたが、私たちが住んでいる中にあっても、考えが違う人や、意見が違う人というのはたくさんいるものです。では、その人たちと話もせずに関わらずに生きていくのでしょうか。いや、そうではありません。その人たちも一人の人間として尊重し、よく話を聞き、こちらが言いたいこともしっかりと意見を伝えた上で、仲良く暮らしていくことをおすすめいたします。今日の「ビジネスと聖書一口講座」も皆さんの何かの役に立てていただきたいと思います。イスラエルや、ヨルダンに行くチャンスがあったら、借金をしてでも行ったほうがいい！と言われ、今回私も行ってきました。皆さんにも、行かれることをぜひ心からおすすめします。

21話　安らぎの意味をガリラヤ湖に知る

『ビジネスと聖書一口講座From ハワイ』

「ビジネスと聖書一口講座」の時間がまいりました。知っておくと生き方が変わります。今日は、「安らぎの意味をガリラヤ湖に知る」。イスラエルとヨルダンの旅に十日間、先日行って来ました。このツアーの一つのイベントは死海観光でした。ご存じですか、皆さん。Dead sea といいますが、死海に行くと身体が浮いてしまいます。新聞を読むことができます。本当にそれくらい本物です。歩いていたら浮くことはありませんが、ちょっと横になれば、本当にぷかっと完璧に浮かびました。これは素晴らしいな！と思いました。そんな体験をしてきました。

実はイスラエルには二つの湖があります。一つはガリラヤ湖です。これは、海抜マイナス二百メートル、地中海よりも二百メートル低い所にあると言われます。もう一つはマイナス四百メートルの所にある死海という所です。これは世界の中でも一番標高の低い湖と言われています。ということはこれ以上もう水が行く所がないから、水は溜まる一方です。ただし太陽が当たりますから、どんどん蒸発をして、結果的に塩分濃度が三十四パーセントと言っていました。三十四パーセントですから、人間が浮いてしまうほどです。またミネラルがものすごく多くて、女性の方！つるつるになりますよ。本当につるつるです。あそこに毎日行っていたら、どんな肌になっ

死海

てしまうだろうと思うくらいです。でも、一日に一回十分以上入ってはいけないし、十分以上入ると身体に危険ですよと言われるようなそんな場所でした。そんなふうに死海を楽しんできましたが、今日はガリラヤ湖という所の方のお話をしたいと思います。

　ガリラヤ湖で私たちも、ボートに乗って沖へ出て、しばらく遊覧をしていると、運転手さんが、「今からエンジンを止めますから静まって神さまの声を聞いてみてください」と言いました。そんな時でした。エ

ガリラヤ湖

ンジンを切ってもらって、私も本当に静まって湖を見ていました。想像した以上にこの湖は本当に穏やかでした。穏やかで音が一つもしません。鳥がさえずって、ぱちゃっぱちゃっと音が少しするくらい、本当に静かな穏やかな場所でした。このガリラヤ湖は、湖ですから、当然このガリラヤ湖の周りには人々が住んでいて、そこには交通事故もあれば、殺人事件もあります。国境に行けばまだ未だに戦争が起きているようなイスラエルとその周りの諸国の国々というのを、皆さんもテレビを見てご存じだと思うのですが、そんな中にあっても、このガリラヤ湖に来ると、本当に穏やかだなあと思いました。そして、神さまが私たち一人ひとりに、これくらい穏やかな人生を送りなさいとおっしゃっているように聞こえました。

私たちは焦って急いで、わざわざ自分から忙しい世界に足を運んではいないでしょうか。わざわざ自分から問題の中に足を運び、忙しくしていることが安心で、生きている心地がするみたいな、そんなことはありませんか。私も若い頃、そういう時期を生きてきました。一生懸命生きていないと追い残されてしまうのではないか、自分だけ追い残されてしまって結局負け組になってしまうのではないかと焦り、勝ち組を目指そうとした時期もありました。しかし、神さまが私たちに、穏やかな安らぎのある生活をしてほしいと望んでいるとしたらどうでしょうか。

聖書の中のマタイの福音書四十一章という所に、こういう所があります。この穏やかなガリラヤ湖が、天気が悪いことがあって少し荒れていました。そんな中で弟子たちがばたばたして焦っている中で、イエスはすぐに手を伸ばして、彼をつかんで言われました。「信仰の薄い人だ。なんで疑うんだ。わたしがいつも共にいて助け手を出すじゃないか。わたしを信じて穏やかな生き方をしなさい」と。イエスさまは今日、私たちにもそうおっしゃっているのではないでしょうか。

ビジネスと聖書一口講座、知っておくと生き方が変わります。「安らぎの意味をガリラヤ湖に知る。」今回のイスラエルのツアーを通して、私はガリラヤ湖に静まった時に気づきました。ああ全知全能なる神さまは、私たちを愛して私たちに命を与えてくださった神さまは、こういう生き方をしなさいと、本当はおっしゃっているんだなあと。そんなことを、私はこの旅を通して掴むことができました。今日の話も何かの参考にしていただきたいと思います。また次回、この「ビジネスと聖書一口講座」の時間にお会いいたします。

22話　問題解決は同時進行で

『ビジネスと聖書一口講座 From ハワイ』

「ビジネスと聖書」の時間がまいりました。今日のタイトルは「問題解決は同時進行で」。何のことか分からないかもしれませんが、私たちは何か人生の中に問題が一つ二つ、三つ四つありますと、一つ一つ解決していこうとするのではないでしょうか。

こんがらがったワイヤーを一本一本ほどいていこうとして一生懸命努力をしても、一本がほどけて次にまた違うほうをほどこうとすると、何か元のやつがまたこんがらがってしまったなんて、そういう経験が人生の中にもあると思います。「あれは解決したばかりなのに何でまた問題になっちゃうわけ？　先週解決したのに、今週はこっちの問題を解決していたら、また同じ問題になってしまった！」ということがあるのではないでしょうか。

私たちにはできることと、できないことがあるんだということを覚えようではありませんか。自分がこの地球を回しているなんて思っている指導者がこの世にはとても多くて、私も神さまを知る前は、自分がこの地球を回していると思ったことがありましたが、とんでもないことですね。神さまというのは天と地を造られただけではなくて、毎日毎日、私たちが寝ている間も、寝ずに働いてくださっているんだということを、まずは認めることが大切ではないでしょうか。

聖書の中には、「明日のことは心配するな。今日十分問題がある」とあります。今日という日を感謝して生きようではありませんか。自分で解決できないことが、人生の中では一つや二つや、三つや四つや、十も二十も、たくさんあるものです。

しかし、天地の創造主なる神さまが「わたしに任せなさい。わたしにゆだねなさい」とおっしゃっています。そうするとこの神さまは、このワイヤーの端の部分を持ってくださって、満遍なく揺すってくださいます。そして時が来ると、全体的にこのワイヤーのこんがらがったのが、少しずつ少しずつほどけていくのです。そういう体験を皆さんもするようになります。私たちが働いている間も、起きている間も、寝ている間も、常に神さまが私たちの人生の端を押さえてくださり、揺すぶってくださいます。そしてその一つ一つの問題が、満遍なく解決していくのです。

私もそういう生き方に変わって十五年以上になります。今までは、一生懸命自分で努力をして、お金儲けをしないといけない、地位も上がらないといけない、家庭も治めなければいけないと焦り、子どもの教育も、夫婦の関係も、自分の健康も、何かいろんなことを一生懸命努力して、一つ一つ解決していました。そんなに昔の話ではありません。ところが努力すればするほど、何かこんがらがっていくのです。

何が違うんだろうなと思いました。

そしてある日、教会に通うようになって、聖書を読むようになりました。今ですら牧師としてこうして皆さんにお話をしていますが、私は宗教を勧めているのではなくて、天地の創造主なる神さまがおられるということをお知らせしたいのです。創造主なる神さまがいるということをまず認めましょう。私たちが寝ている間も働いてくださる神さまがいます。私たちの人生のワイヤーの端を掴んでくださり、それをこうゆっくり揺さぶってくださる神さまがいます。常にその存在を認めたたえながら、一日一日を感謝して、明日のことを心配せず、今日できることを精一杯努力して生きていくことによって、神さまが少しずつ揺さぶってくださって、からまったワイヤーが満遍なくほどけていくことを、皆さんも体験することができるようになります。

そして気づくと、「うわーすごいな！」と感動するくらい、このことも、あのことも、どのことも、すべての問題が満遍なく解決していき、人生のバランスがとれていきます。成功というのはバランスが取れていなければ意味がないということを、私はずっとこの「ビジネスと聖書一口講座」でお話ししています。

イスラエルの幕屋内で

ぜひこのチャンネルに登録をしてください。これからも、多くの五分もののメッセージを送り続けていきたいと思っています。このメッセージが皆様にとって、何かの光となり励みとなったら幸いです。また、この「ビジネスと聖書一口講座」の時間に皆様とお会いいたします。

娘とネボ山

23話　最も豊かな人生とは

『ビジネスと聖書一口講座 From ハワイ』

「ビジネスと聖書一口講座」の時間がまいりました。ビジネス牧師の中林義朗です。皆さんお元気ですか。今日のタイトルは、「最も豊かな人生とは」。最も豊かな人生とは、どんな人生だと思いますか。皆さんそれぞれ答えてくださると思いますが、どうでしょうか。豊かさというのはどういうことでしょうか。お金持ちになる、有名になる、家族が幸せ、そして自分も健康、好きな趣味ができる、家もある、車もある、子どもたちも順調に育っている。どんなことでしょう、最も豊かな人生とは。どうでしょうか、皆さん。皆さんの人生を振り返ってみて、または周りの人々を振り返ってみて、自分が思った通りの人生に百パーセントなったという人はどれくらいいるのでしょうか。私は少ないように思います。

逆に計画もしなかった人生を歩むことが多いのではないでしょうか。私も今、牧師という仕事をしながら、会社の社長をしていますが、まさかビジネス牧師としてビジネスもし、そして教会の牧師の仕事もするようになるなんて、またこういうYouTubeの番組で、世界中の日本語を理解する皆様にこのように語る時代が来るなんていうことは、想像もしたことがありません。でも最も豊かな人生となりました。こんな幸せはありません。私は天職に巡り会えたと感謝しています。

牧師按手礼式

ニューヨーク大学のリハビリステーションという研究所があるそうですが、その研究所の壁に書かれた詩というものを皆さんにご紹介したいと思います。ニューヨークのリハビリステーションというくらいですから、癌にかかられた方、怪我をされた方、いろんな病気にかかって辛いところを通って病から回復して、これからリハビリをして、そして自立をしていこうという方が入る施設ではないでしょうか。その壁に掲げてある詩というくらいですから、皆さんの心に励ましを与え、勇気を与えるような詩でなくてはならないのではないでしょうか。それを一つずつ読んでいきましょう。

「大事を成そうとして力を与えてほしいと神に求めたのに
慎み深く従順であるようにと弱さを授かった。」

「より偉大なことができるように健康を求めたのに
よりよきことができるようにと病弱を与えられた。」

「幸せになろうとして富を求めたのに
賢明であるようにと貧困を授かった。」

「世の人々の賞賛を得ようとして権力を求めたのに
神の前にひざまずくようにと弱さを授かった。」

「人生を享楽しようとあらゆるものを求めたのに
あらゆることを喜べるように命を授かった。」

「求めたものは一つとして与えられなかったが、願いはすべて聞き届けられた。

神の意にそわぬ者であるにもかかわらず、心の中の言い表せない祈りはすべてかなえられた。私はあらゆる人の中で最も豊かに祝福されたのだ。」

どうでしょう、皆さん。偉大な人というのは、本当に人の痛みが分かり、そして人と共に泣け、そして人と共に喜べる人ではないでしょうか。自分が病気をしたことがない、自分が事業で失敗したことがない、謙虚という言葉を学んだことのない人が、どうして人の上に立つことができるのでしょうか。私も富を得た時期もあり、本当にゼロまで落とされたこともありました。今思えば神さまから、「そこを通りなさい。あなたがそのゼロの季節を通らないと痛みが分からない。これから私があなたに与えようとする富を間違って使っては困るから、この苦しみをしっかり通り、一ドルの大切さを学び直しなさい」と言われた時期がありました。

今日の「ビジネスと聖書一口講座」、いかがだったでしょうか。ぜひこの詩を何度も読み直してみてください。皆さんが通った失敗や苦しみは、決して無駄ではありません。神さまが謙虚さを学ぶように、そして人の痛みが分かるようにと、皆さんを通してなさったことです。そしてこれから、神さまがいよいよ皆さんを用いようと思っておられるということを、信じようではありませんか。素晴らしい一週間をお過ごしください。またこの時間に皆様にお会いいたします。

24話　今日は神さまからのギフト
『ビジネスと聖書一口講座 From ハワイ』

皆様、こんにちは。「ビジネスと聖書一口講座 From ハワイ」の時間です。ビジネス牧師の中林義朗です。今日は英語でスタートしましょう。

“Yesterday is History. Tomorrow is mystery. Today is the Gift from God.”
昨日は歴史。明日はミステリー。今日は神さまからのギフト。

カンフーパンダという映画を見たことがあるでしょうか。私は八人の子どもたちを神さまから授かりました。神さまは私を信頼して、八人の命を私に授けてくださいました。この子どもたちから、私は毎日勉強をさせていただいています。ある時、その子どもたちと一緒に、この「カンフーパンダ」という映画を見ていました。子どもの映画だと思って馬鹿にして見ていたら、とんでもない素晴らしいメッセージがこの映画の中に出てくるではありませんか。それが、今お読みしたこの言葉なのです。もう一度、英語と日本語で読んでみたいと思います。

“Yesterday is History.” 昨日は歴史である。
“Tomorrow is mystery.” 明日はミステリーである。
“Today is the Gift from God.” 今日は神さまからのギフトである。
“That's why it is called present.” ですから今日のことや現代のことを、英語でプレゼントと言うんですよ。

素晴らしい話ではないですか。どうでしょうか、私たちは、昨日のことをいつまでも悔やんでいるような生き方をしていませんか。一日のうち、八十パーセントの時間、皆さんは何を考えて生きていますか。過去のことばかり悔やんでいませんか。「あの時、あの人が、あの一言を言わなかったら、あの時私があの決断をしなかったら」と、悔やむことに一日八十パーセントもの時間を費やしているなんてことがあるかもしれませんね。

Tomorrow is mystery. 明日はミステリーである。これはどうでしょうか。過去のことはあまり考えないけど、将来のことが不安で仕方がないという人もいるかもしれません。八十パーセントの時間を、将来の不

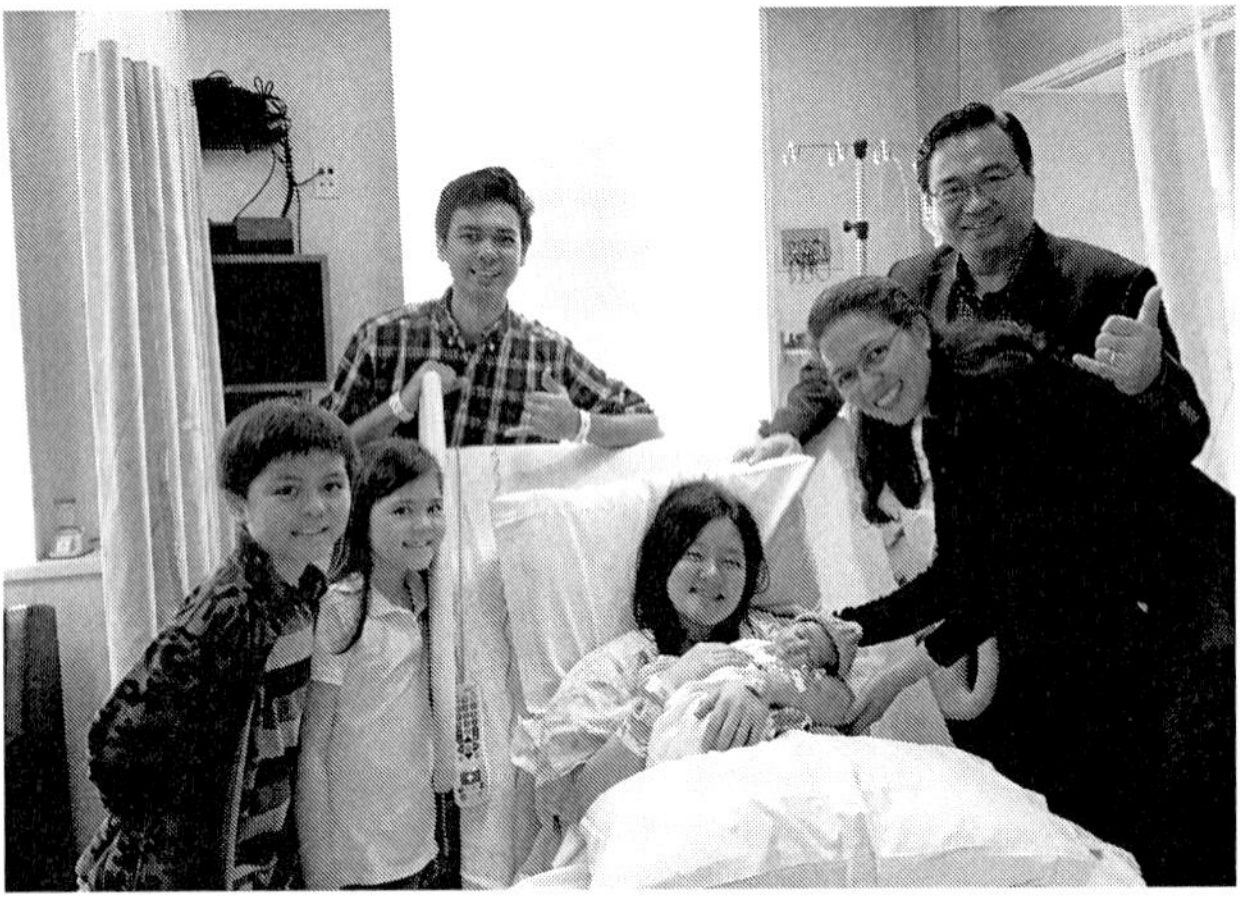

初孫が生まれた日

安のために時間を費やして悩んでいるという人もいるかもしれません。だから将来のことが知りたくて知りたくて、占い師に会いに行く人がいるかもしれません。自分の健康、仕事のこと、家族のこと、夫婦のこと、またはどんな人と結婚するんだろうとか、どんな仕事に就くんだろうとか、何歳まで生きられるんだろうなんて、八十パーセントの時間で将来のことを心配しているという人もいるかもしれません。

今日の皆様へのメッセージです。「Today is the Gift from God. 今日という日は神さまからのギフトである。ですから英語では、今日のことや現代のことをプレゼントと言うんですよ。」素晴らしいではありませんか。私たちに与えられた今日という日を感謝して、神さまから与えられた今日という日はギフトだと信じて、今日一日をエンジョイしようではありませんか。過去のことを十パーセントくらい考えてもいいでしょう。将来のことを十パーセントくらい考えてもいいでしょう。でも、八十パーセントの時間は、今日という日を神さまから与えられたことを信じてエンジョイし、感謝を持って精一杯生きてみてはいかがでしょうか。

「ビジネスと聖書一口講座」、ハワイからこの番組を送っておりますが、私もこの言葉を聞いて、人生が変わった一人です。かつては、過去のことを四十パーセントも五十パーセントも心配していました。これから起きることや明日のビジネスを、六十パーセントも心配していた日もあったかもしれません。しかし今では極力、今日という日を八十パーセントの時間に近づくほど感謝ができるようになりました。皆さんも、神さまから与えられたギフトと信じて、今日を感謝して力強く生きようではありませんか。「ビジネスと聖書一口講座」、ビジネス牧師の中林義朗がお送りしました。今日の話も何かの力にしていただけたら幸いです。またこの時間、皆様にお会いいたします。

あとがき

いかがでしたか。この本を通して、生きることが少しでも楽になっていただけたならば感謝です。「何かが違うな」と生きていて思うことがありませんでしたか。地上での命が全てだと思うと、とても理解に苦しむことが多々あります。

創造主なる神さまによって両親が選ばれ、命が与えられ私たちは生まれて来ました。二人として同じ人はなく、それぞれがとてもユニークな存在として造られたと考えて初めて、他人と比べたり嫉妬したりすることなく、自分に自信が持て、自分を愛することができるようになるのではないでしょうか。そして、自分を愛することができて初めて、他人を愛することができるようになるのです。自家発電の愛ではなく、神さまから与えられた愛によってラブタンクが満たされ、溢れるばかりの愛をもって人に接していく時、本当の世界平和が実現できるのではないでしょうか。

お近くのキリスト教会へお越しくださいませ。皆様の質問に、牧師の先生方が一つ一つ親切に答えて下さいます。一人で悩まずに、勇気をもって助けを求めてください。

「ビジネスと聖書一口講座」、コンピューターにアクセスできる方は、チャンネル登録をお願いいたします。また、お知り合いの方や愛する方へ、「ビジネスと聖書一口講座」のYouTubeをご覧になっていただけますよう、お勧めくださいませ。コンピューターの無い方は、この本をお読みになって、他の方にも読んでいただいてくだささい。また許されることでしたら、第二弾として、第25話からのお話を出版できますようお祈りくださいませ。

出版に際して、多くの方々のお手伝いをいただきました事を、心より感謝申し上げます。特にイーグレープ　穂森宏之社長、編集担当 鳥飼友里恵様、校正担当 栗栖ひろみ様、カバーデザイン担当 Graphic Works 田中佑様、ありがとうございました。

巻末付録1　講演会質疑応答

私は、ハワイや日本の各地で、セミナーや講演会活動もしています。その講演会から生まれた本が、『―ハワイ在住のビジネス牧師が語る― どうして？ 私の人生問題だらけ』という本です。人生の問題を一つ一つ解決しようとするよりも、人生の優先順位を立て直していく方が、どれだけ効果的か。ぜひ、この本を読まれて試してみてください。

また、ぜひ私の講演会に、旦那様や奥様を連れて来てください。このような話は、どなたにとっても、必ず何かためになる話と思いませんか。旦那さんや奥様が喜ぶことを使って、誘ってみてください。旦那さんや奥様が喜ぶことトップスリーを、皆さんはよくご存じですよね。そして息子たちや娘たちも連れて来てはいかがでしょうか。

　ここでは、講演会の雰囲気が分かるような、講演会後の質疑応答を少しご紹介してみることにします。

質問　今日、先生の講演会に夫を誘ってみたのですが、夫から「俺が一番正しい。俺が決めることはすべて正しいから、そんなものは聞く必要がないんだ！」と言われたのですが、こういう場合はどうやって誘えばいいのでしょうか。

講演会終了後、皆さんと

答え 私もかつてはまったく同じことを言っていました。最初は教会にも行かずに子どもたちを車に乗っけていって、教会に降ろして、家に帰ってテレビを見ていました。そのうちにだんだん片足入り、両足入り……。奥様は、旦那さんの好きなことを三つ知っているでしょう。それを一つでも、今回使いましたか? 使わずに普通に話したのではないでしょうか。まずその三つを使ってみてください。奥さんは旦那さんが何が好きか分かっていますよね。そして次回、ぜひ誘ってく来てください。

でも、本当のことを言っておきます。実は男は本当は寂しがり屋で、根性がなくて勇気もなくて一番弱虫で、一番誰よりも弱くて、自分が一番偉いとか言ってるけど、本当はとんでもない。反対ですから、心で考えていることは。それを奥さんに知られないために、「俺はすべて分かっているんだよ!」と言うのです。

ちょっと皆さん、ノートにＳＩＮと書いてくれますか。これは英語で「罪」という意味です。神さまが言われる罪というのは何でしょう。泥棒や人殺しや盗みや嘘、これも罪ですが、それ以上に大きな罪があります。最大の罪。ＳがSouth(南)、

NがNorth（北）、その真ん中にIがいるのです。Iというのは私です。「北と南の真ん中に私が立っている」ということは、どういうことでしょう。つまり、「世界の中心は私です」という考えですが、それが神さまの目には最大の罪なのだそうです。これが聖書の教える罪です。この話を聞いた時、「それを言われたら確かに私は罪人だ」と思いました。そこで、やっと私は認めました。それまでは、「なんだ罪人って。やめてくれよ！」という感じでしたが。祈りますよ。この二カ月、私とあなたとでお互いに祈り合ってたら、必ず旦那さんが来

中野雄一郎牧師　東京セミナーにて

る時が来ますから。でもその前に、旦那さんが一番喜ぶ三つのことというのをよろしくお願いします。

質問 お金を儲けることは全然問題ないと思います。必要なことですし、それはいいのですが、私は書道教室をやっていて、赤字すれすれくらいです。それでもちろん儲かったらいいなとは思うのですが、だけど私は聖句書道というのをやっていて、書道で聖句を書くのです。聖書のことばがみんなに伝わったらいいなと思ってやっています。もちろん儲かってほしいのですが、儲からなくてもそういう人生もあるのかなと、そんなことも考えるのですが……。

答え いやいや、事業をやっている以上は儲からないといけないですよ！儲かる方法をお知らせします。書道で月謝をいただきますよね。そのうちの十パーセントを献金していますか？　赤字すれすれなので献金していないのですか？　赤字だからこそしたほうがいいです。「赤字すれすれだから……」と、それを考えたら何も変わらないです。入って来た十パーセントをまず献金して、残ったものでどう経営するかを考えるのが、クリスチャン的な経営の方法なのです。ですから、「それを考えたら絶対に払えないです。これも払わなきゃいけない、あれも払わなきゃいけない、大変ですよ。十パーセントなんて出ないです」と言わず、二十パーセント、三十パーセント、四十パーセント、九十パーセントまで献金

セミナーの様子

した人たちがいるという話を参考にしてください。

神さまが聖書の中で、「私を試していい」と言っているのは献金のことだけです。他のことは絶対に試してはいけません。でも、「献金をもって私を試してみなさい、天の窓が開くかどうかを試してみなさい」と神さまが言っているのです。

うちのエージェントをしているけいこさんは、来る前に商品が売れて売れて大変だったので、日本に来るのをやめようかしらと思ったくらい業績がよいのですよ。なぜ？ 献金しているから。入ったら考えないで、すぐチェックを書いて献金をする。アメリカはチェック社会ですから。そして残ったお金でやりくりを考える。もうそれだけです。やってみてください。今度会う時に、「生徒が増えました！」となるかもしれないですよ。神さまが私たちの弁護士、神さまが私たちのカウンセラー、神さまが私たちのボスです。皆さんにおすすめがあります。夫婦の方は週に一回、デートをしましょう。どんなに忙しくても私はデートをします。夫婦だけで。八人の子どもたちを置いて、仕事も置いて、二人でデートをします。この目的はただ一つ。皆さんの夫婦の中で棚上げした問題ってありますか？　もう何年も棚上げしている問題ってあるじゃないですか。これが百個超えると、棚が崩れてなだれが起きて、離婚になります。私がやったこの十年間、特にこの五年間の仕事は、デートに行ったら、一個ずつ棚上げしている問題を下ろして、彼女の言っていることを九十パーセント聞いてあげることでした。そして最後の十パーセントで話します。皆さん、私たちは運送会社の社長にならなければいけません。全員。運送会社の社長。私は中林運送会社の社長です。何だか分かりますか？「うーん、そう、うーん、そう、うーん、そう。」これをデートでやってみてください。もし旦那さんがクリスチャンじゃなかったら、皆さんが聞いてあげるのです。「うーん、そう。」結婚五十年を超えた中野先生からの大切な教えです。皆様も実践してみてください。そして最近、私の奥さんがこう言いました。「ヨシ、その棚上げした棚をそろそろ壊してもいいよ」と。これって最高のほめ言葉じゃないですか？　この五年間、一回一回デートで、徹底的に問題を彼女から聞いて、私たちは一生懸命食べて聞いて、じゃあどう解決していこうかと。これをぜひおすすめします。すごく効果があります。皆さん運送会社の社長ですよ。やっと社長になれます。

質問 本当に勇気をもらいました。ありがとうございました。二点お聞きしたいのですが、一つは先生のされている事業と、あともう一つは、献金以外に聖書をベースとした事業の成功の秘訣があったら教えてください。

答え まず、今、私が神さまに与えられている事業についてですが、整水器の販売をしている日本トリムという日本で一部上場している会社の製品を扱うハワイでの代理店権を、輸出販売会社の三和株式会社より譲り受けました。間違いなく、この十年は水の時代です。十年前にこの仕事をしていたら、笑われてしまいました。ハワイの水は世界一美味しい水だなんて言っていましたが、今は世界中でみんながボトルの水を買う時代になりました。それもテストすると、ほとんどの水が酸性です。癌にかかった患者さんのほとんどは、みんな酸性体質だそうです。アルカリ性の水を飲まなくてはいけません。

そして二つ目の質問についてですが、このビジネスセミナーの中で紹介した二つの聖書の箇所が、常に私が気を付けていることです。「神の国と神の義をまず第一に求めなさい」ということです。「それに加え、これらのものはすべて与えられます」と神さまは言っておられ、神の国を第一に選んで、奥さんを第二に愛し続けたら、それら以外のものはすべて与えますと言っておられるのです。信じられないでしょう。聖書のことばをいくら勉強して三十年経ったとしても、それを生きていなかったら、何の意味もありません。クリスチャンになって半年の方でも、聖書を実行した人のほうが、「後の者が先になり、先の者が後になる」という聖書のことばのとおりになります。

次はローマ人への手紙十二章二節の「この世と調子を合わせてはいけません。いや、むしろ、神のみこころは何か、すなわち、何が良いことで、神に受け入れられ、完全であるのかをわきまえ知るために、心の一新によって自分を変えなさい。」というところです。ＷＷＪＤというのを聞いたことがありますか？What would Jesus do? の略です。イエスさまだったらどうなさるだろうか？と、私は何か問題がある時には必ず聞きます。イエスさまだったらどうなさるでしょう。神さまだったらどう解決なさるでしょう。だから祈るし、聖書も読みます。すると、神さまの知恵を与えられて、今までいろんな問題を解決してきました。What would Jesus do? この言葉をどこかに書いておい

HANO NAKA Inc.

てください。ある人なんか、それを手に刻みこんで常にそれを見て、「そうか、イエスさまだったらここで怒鳴らないよな！　そうか、イエスさまだったらここで喧嘩しないよな！」と反省しています。イエスさまだったらどうなさるだろう、いつもこんな感じです。

質問　先生が、優先順位の第一位に神さまを持っていった時に、ビジネスにどういう変化が起こったか教えてください。また、そのように優先順位を大転換した時の印象というか、そういうものがあったら、ぜひ話してください。

答え　皆さん、ビジネスをする目的は何ですか？　一般的に。生計を立てる、儲ける。そう、この世の目的は儲けですよ。しかし、神さまを信じた人間がビジネスをする目的は何でしょう。儲けはあとからついて来ます。お金というのは、追いかけたら逃げてしまいます。お金というのは、追いかけてくるものなのです。だから、お金を儲けるためにビジネスを設計していくと、必ずどこかでつまずきます。私の会社では、どうしたらお客さまが喜んでくれるかを中心に、すべてを考えています。ですから例えば、機械が故障して日本に送らなければいけないのに一カ月時間がかかる時、普通だったらその一カ月お待ちいただくのです。その間、私がお客だったらどう思うでしょうか。儲けは別です、儲けは考えません。さて、どうしようか。うん、そうだな、そうしたらお客様としてはやっぱりローナーを貸してほしいだろうな、じゃあそうしよう！ そして、「無料でうちの会社はローナーを出しますというサービスをしています！」と宣言します。これをビジネスマンが聞いたら、「何やってんだ、おまえ。それお金取ったほうがいいんじゃないの？ そんな利益出ないじゃん！」と呆れるでしょう。だから、ビジネスをやる基本姿勢として、利益を出すことが目的ではなくなったのです。この十年間、利益はほとんど出していません。どんどんどんどん投資して、人に投資し、教会に献金し、そしてどんどんどんどん与えて与えて与え続けた結果です。『与えなさい。そうすれば与えられます』と聖書に書いてあります。それを私は、ビジネスで実践しています。

ですから、もし経営をされている方がいたら、まず献金をしましょう。そこからやってみましょう。神さまが「わたしを試してみなさい」と言うのだから。「考えなさい」なんて書いていませんよ。「明日のことを心配するな。献金を喜んでしなさい。私が天の窓を開くかどうか」と神さまがおっしゃっています。これは、パチンコのチューリップが開きっぱなしみたいな、そんな低次元の話をしているのではありません。天の窓が開くのです。「天の窓が開くかどうか、わたしを試してみなさい」と神さまがおっしゃいました。私はそれを試しているし、試したいと思う人と話をしたいのです。また皆さんにお会いできるのを楽しみにしています。

一言お祈りして終わりにしたいと思います。

「天のお父さま、あなたは生きておられる神さまです。私たちを愛してくださって、私たちをそれぞれ違う者として造ってくださいました。私たちに全く違うタレントを与えてくださったのは、世のため、人のため、そして神さまに栄光を帰するためであることを学びました。自己中心な私利私欲のために、神さまは私たちにタレントや命を与えてくださったのではありません。『与えなさい。そうすれば与えられます。』何と素晴らしいことばでしょうか。『神の国と神の義を第一に求めなさい。そうすればすべてのものが与えられます。』あなたの約束です。天のお父さま、ここにおられる一人ひとりが、何か一言でも聞いて、『ああ、良かったな』ではなく、実践できるものとして、あなたが導き励ましてください。そしてできることならば、もっとあなたのことを知りたい、創造主なる神さまというのは何者なのだろうか、何を私は今まで間違っていたんだろうか、何をどこをどうしたらいいのだろうかということを、学ぶことができるように導いてください。あなたを信じます。あなたが全知全能なる神さま、教会の主であり、ビジネスのボス、家庭の中においてもボスでありますから、常にあなたを見上げて生きることができますように導いてください。感謝して、イエスさまの御名によってお祈りします。アーメン。」

巻末付録2　著者及び父・中林栄インタビュー

ハワイローカル新聞日刊サン「インタビュー輝く人」より

本当の「成功」とはバランスのとれた「成幸」を手にすること

男としてのスタートを切るまで

生まれは、富士の麓である静岡県御殿場市です。朝起きたら目の前に富士山がド～ンとあるところで生まれ育ちました。夏は真っ黒で引き締まって見える富士山も、冬になると雪が降り積り、真っ白くとても大きく見えるのです。そんな大自然の素晴らしい環境で育ちました。一人っ子ですが、母は体が悪く、医師にこの子を産めば長生きできないと言われ、それでもいいと母は私を産んでくれたのです。言われていたとおり、母は私が十歳の時に他界しました。病弱な母が健康な私を産んでくれたことを本当に感謝しています。

父は仕立て屋をしていて、御殿場に工場を持ち、ピエール・カルダンの革手袋を作ってアメリカに輸出していました。当時一ドルが三百六十円で、日本で物を作る時代だったためビジネスはかなり忙しく、母の死後、父の会社は大阪に移転することとなりました。ビジネスと養育の両立に悩んだ父は、話し合いの結果、私を横浜の伯母の家に預けることになりました。そこには十八歳と二十歳の従兄弟がいて、十歳の私は三男坊のように可愛がられて育ちました。男

Nikkan サン HAWAII EXTRA エキストラ

2014年2月22日(土)　(17)

インタビュー 輝く人

本当の『成功』とはバランスの取れた『成幸』を手にすること

ハノ・ナカ(Hano Naka Inc.)社長/牧師/校長

中林 義朗さん

男としてのスタートを切るまで

中国で社員2000人企業の社長に

ハワイですべてを失う

人間の成功とは何か

20年間父を赦せなかった

8人の子どもの教育はホームスクーリング

会社のモットーは健康と喜びを提供すること

読者のみなさまのご意見・ご感想を募集しています

日刊サン

としての生き方を、従兄弟が良いことも悪いことも教えてくれました。ハハハ。でもとても楽しかったです。

十八歳の時にアメリカに留学をしました。父の会社はアメリカ人とビジネスをしていましたので、息子には英語を話せるようにさせて、できれば継いでほしいと思っていたのでしょうね。小さい頃からアメリカに行くんだと決まっていたような感覚です。でも人生そんなにうまくいくものではなく、留学から四年後、父の会社が閉鎖へと追い込まれました。一ドル三百六十円から、二百六十円、百八十円と円高が進み、日本で物を作る時代から、中国の時代へと移り変わっていったのです。それで、これ以上学費も生活費も送れないから帰ってきなさいということになりました。二十二歳の時でした。その時、男としてどうすべきかと考え、アメリカでチャレンジして、自分の人生を切り拓いていく道を選びました。それまで私は社長の息子というだけで、もしもそのまま社長になったとしても、ただの二代目だったわけですよ。ここが男としての人生の本当のスタートでした。自分は何のために生まれてきたのか、人生これから何をしたらいいのか。

中国で社員一千人企業の社長に

アメリカでの生活は厳しいものでした。英語が話せないので、食べたいものも食べられず、銀行に行っても「あなたが何を言っているか分らない」と言われ、自分のお金すらおろすことができないこともありました。ハワイと違ってアメリカ本土での日本人は本当のマイノリティで、偏見もいっぱい経験しましたし、たくさん嫌な思いをしました。しっぽを巻いて帰ることもできましたが、背水の陣で死ぬ気でやるしかないと頑張ったものです。人間はそういう時に本当の力が出るものなんですね。必死になって英語を耳で聞いて、口から出して真似し、その反復でどうにか生活に困らない英語を取得しました。ある日、アメリカ本土のスキー場でリフトに乗り合わせた他州からのアメリカ人に、あなたの英語はカリフォルニアアクセントがあると言われて、とても嬉しかったのを今でも覚えています。

一九八六年に日本の商社との出合いがあり、働かせていただけるようになりました。一九八八年二十五歳の時、ハワイの支店長に就任し、一九九三年三十歳の時、香港に転勤となり、翌年、中国の新会社設立のタイミングに乗って支社長に就任しました。自由市場経済で中国が門を開き始めた時代で、中国に初めてマクドナルドができた年でもありました。中国での私の仕事は、製造工場と販売代理店の管理がメインの仕事で、商品が爆発的に売れ、一千人の社員を持つ会社へと急成長しました。中国全国に三十支店が設立され、どこの会場に行っても千人くらいの人が集まり、警察官を呼んで会場の整理をしてもらっていた程です。

私のもう一つの大切な仕事は、政府の役人とお酒を飲むことで、毎晩が宴会でした。ハワイ生まれの妻を一緒に連れて行っていたのですが、彼女は宴会で私の隣に座って、いつもニコニコしていたんです。彼女が喜んでいるものと思っていました。ところが、彼女は祈っていたというのです。「このまま毎日お酒を飲み続けていたら死んでしまう。この人が一日も早く神を信じてクリスチャンになりますように。このめちゃくちゃな生活が変わりますように」と。聖書には、「神の言葉に従わない夫であっても、妻の無言のふるまいによって旦那が神を見るようになる」ということばがあるのですが、男はガミガミ言っても遠ざかるだけなんですよね。きっと「いつまでお酒を飲んでいるの？」と言われたら、私もうるさいなと思ったでしょうね。後で分かったことですが、彼女は笑顔で座っていながら、私のいない時に聖書の前で神さまに祈っていたのです。その聖書は涙でぐしょぐしょごわごわになっていました。

秘書は七人、運転手、カバン

中国に行った当時（1993年）

持ち、通訳もいて、家にはお手伝いさんもいるという、雲の上のような生活でした。妻には欲しいものは何でも買えて、何の不自由もない生活だったのですが、あまり幸せそうではないので「何が問題なのだろう？」と感じていました。でもあまりの忙しさでそれを気にしている時間もありませんでした。そんなある日、突然「ハワイに帰ろう」と私が言ったのです。妻は驚いていました。今思えば、神さまが妻の祈りに応えて、私の良心に語りかけたのだと思います。

ハワイですべてを失う

妻の家族はハノハノといって、カメハメハ大王の直系で、妻は八十パーセントハワイ人の血を受けています。義父から誘いがあり、ハワイ王朝から受け継がれた土地を開発する手伝いをすることになりました。ところが、約束の資金が動かず、一部の土地を失ってしまう災難にも見舞われました。開発準備をしている約五年の間に、私が蓄えていたお金もほとんど投資をして、使い果たしてしまいました。

中国から帰ってきてからどん底の五年間を経験することとなったのです。収入がないばかりでなく全財産を使ってしまったわけですから。今考えてみれば全て失うことも神さまの計画であったと信じます。お金があるうちは神の存在は分かっていても、神さまの助けは必要ありませんでした。しかし、お金がなくなってしまうとすがるものがなく、これからどうするのか将来にも不安を持ち、そこで初めて私は神さまに助けを求め、もっと教会で話を聞いてみたいと思うようになったのです。日本のビジネスの世界では、儲かれば幸せになれると習い、信じて頑張ってきました。でもそれはあまりにも偏り過ぎた教えであることに気づかされたのです。

人間の成功とは何か

人間の成功とは何か。「成功」ではなく、幸せに成る『成幸』が本当の成功だということを聞きました。この教えは聖書の教えに相通ずるところがあり、バランスのとれた成幸でなければ本当の成功と言わないんですね。まずは自分が実践して、それを教える牧師になりたいと思うようになり、中野雄一郎牧師が学長を務められるＪＴＪ神学校で、牧師志願コースの勉強を始めました。中国での妻の祈りがあまりにも強烈で、私はクリスチャンになっただけではなく、牧師にまで導かれてしまったのです。

勉強を始めたその間に、開発の話もなくなり、住んでいた家も出なくてはならなくなりました。ありがたいことに、そんな私たち家族を、両手を広げて迎えてくださった教会員のお宅にしばらく住まわせていただくことになりました。牧師になるために昼間は勉強して、夜はザ・カハラホテル&リゾートのレストラン「TOKYO TOKYO」で働きました。家族を養うために、夜の数時間で一日八時間働くのと同じくらい稼げる仕事ということで、このレストランでウェイターをしていました。ウェイターを四～五年、その後二～三年はマネージャーをしました。その店は、世界の大成功者が来られるレストランでした。エルトン・ジョン、ジョニー・デップ、ジョージ・クルーニー、ジェシカ・アルバなど誰もが知るセレブがやって来ました。

日本からの芸能人、ビジネスの成功者たちもたくさんご来店いただきました。

ところが多くの方々があまり幸せそうに見えないのはなぜだろうか?お金も名声もあるけれど、何かが欠けている。本当の成功とは？ と考えさせられたのです。中国で小さな成功を手にしてハワイに戻り、一文なしになり、ウェイターの仕事ではプライドを砕きに砕かれました。中国ではペンより重いものを持つ必要がなく、周りが何でもしてくれた生活から、ウェイターでは「早くしろ。いつになったら出てくるんだ」とお客さんに怒鳴られ、すみませんと頭を下げる生活へ変わりましたから。それもこれから牧師になるために必要なプロセスだったのだと思います。過去の栄光を引きずるようなプライドなんて、この世の中で全く使い物になりません。特にこれから先生と呼ばれ、人前で話をする立場になる者にとって。

聖書がいう成功は、神を第一に畏れて生きること。二十四時間誰も見ていなくても神は見ています。人を恨むようなこと、人を嫉妬する想い、心の中まですべてお見通しなのです。ですから、神を畏れて生きることができるようになると、誰に対しても親切になれ、二心のない生き方ができるようになります。妻が第二、子どもが第三、自分の健康が第四で、その後に初めて仕事が第五、そして趣味が第六。これが聖書のいうバランスのとれた生き方なのです。

今、木曜の朝に私のオフィスでBible Business & Benefitというミーティングをしています。どなたでも歓迎で、教会の敷居が高いと言われる方々も集まっています。みなさん、自分もバランスのとれた生き方を手にしたいという気持ちで、コーヒーを飲みながら話をしているんです。

私は妻と毎週日曜の夜にデートをしています。私たちには八人の子どもがいますから、彼女は自分のために食事をする時間がありません。常に何かをしながら、子どもに食べさせたりしていますからね。日曜の夜だけは自分のために食べる食事です。そして彼女の話を聞く「棚卸の時間」で、夫婦の間で棚に上げた問題をなくすためのものです。普段、なかなか話を聞けないで「明日ね」と先延ばしにしていると、棚に上げた問題が増えていって、二百問くらいになるとなだれが起きて夫婦間の大問題になります。もともと二百問あった問題ですが、先日妻に「あといくつ残っていますか?」と聞くと、「二つ」と応えてくれました（これは本当に凄いことです）。

私はこれを実践しながら教えているのです。「人生のバランスのとれた成功をあなたが手にするまで一緒に歩きますよ」と。「自分ができるようになったら、今度はほかの人と一緒に歩ける人になってください」とお話ししています。

たくさんの経験をしてきましたが、そこには喜びはありませんでした。中国であのまま社長をしていたら、次は自家用ジェット機を持つことでしか満足できず、終わることのない欲望との戦いの

社訓となっている「康楽」の書

毎日になっていたでしょう。

二十年間父を赦せなかった

現在、八人の子どもと父と私たち夫婦の十一人家族で暮らしています。十歳で母が他界した後、私は横浜の伯母に預けられ、父は大阪に移動して仕事をしていましたから、親子はバラバラになってしまいました。子どもながらにビジネスが忙しいのだから仕方がないという理解はできました。それでも「自分を捨てた」という思いが心の奥底にはあり、二十年間それを引きずっていましたね。

ある時、二十人くらいの会合があって、そこで話をしなくてはならなかったのですが、仕事柄話をする機会も多く、話をするのは好きだったにもかかわらず、言葉が出てこなくなって話ができなかったのです。自分でもなぜなのか分かりませんでした。後で、牧師先生に「もしかしたらあなたは赦せない人がいるのでは？」と聞かれました。考えもしないことでしたが、言われてみれば、やはり父が赦せなかったのです。

クリスチャンになって、父を赦しなさいという教えを受けたことが私の人生の大きな転機です。三十七、八歳のときでした。それまでは生涯一緒に住むことはないだろうと思っていました。でも、父の事業がうまくいかなくなって、一人暮らしで弱ってきていました。私は父のすべてを赦し、私が市民権をとって「一人なんだから、日本からハワイに来て孫たちと一緒に住まないか」と心から言いました。

すっかり病弱になって杖をついて歩いていた父ですが、今は元気ですよ。今年八十歳になるのですが、父を見ていると病は気からなんだということがよくわかりました。希望がない、愛がない、一人ぼっち。孤独は人間にとって一番よくないことなのでしょうね。大家族ですから、「狭いアパートでごめんね」と父に言ったら「何言ってるんだ。天国だぞ」と言われました。父は毎週日曜の夜、妻と私のデートの時に子どもたちに食事を作ってくれていますよ。

私がクリスチャンになったことによって私自身が変わっただけでなく、家族も生きたのです。「神は私たちに耐えられない試練を与えず、脱出の道をも用意してくださる」とのお言葉どおり、家を出なくてはならなかった時には、神さまが私たちを快く受け入れてくれる家族を備えてくださり、また、父を呼び寄せる際グリーンカード取得に必要だったスポンサーも、神さまが備えてくださいました。

八人の子どもたち

わが家には八人の子どもがいますが、学校に行っていません。ホームスクーリングで、自宅で勉強を教えています。アメリカは全国にホームスクーリングのアソシエーションがあって、何百万人もの生徒がメンバーになっています。インターネットにもカリキュラムがあったり、先生がいたり、教科書も数多くあります。年一回、プレイスメントテストという全国学力テストにパスすることで、高校を卒業するまでホームスクーリングが義務教育の一貫として国から認められているのです。

私は算数と体育、社会奉仕を担当して、ほかは妻が教えています。毎朝二時間は私が子どもたちに勉強を教える時間です。八人いるから大変ですよ。子どもたちは教科書とノートを持って列を作っているので、「はい次、次！」と言いながら順番に教えています。

母国語とは母の国の言葉であり、ハワイ人の妻を持つわが家は英語で教育をすると決めています。でも算数だけは九九を覚えさせたので「さざんがく(三×三＝九)、ししじゅうろく（四×四＝十六）」などとやっているからおもしろいですよ（笑）。

ホームスクーリングで教育をすることにしたのは、聖書をベースに教育をしたいからです。私たちはそれぞれに違うタレントが与えられています。ホームスクーリングの目的はそのタレントを見極めて磨くこと。不得意なことはそれでいい、得意なところを伸ばしてあげるという教育です。八人の子どもも大きく分けると二つのタイプに分かれます。例えば、ステージの前に出て賛美をしたり、マイクを持って歌ったり、ピアノやギターを弾いたりするのが好きなタイプと、後ろで音響や照明、録音などをしたいタイプがいます。そういう中で育つと自分がどちらのタイプがすぐに分かりますし、その見極めが親に課せられた責任で、後は磨いてあげるのです。

会社のモットーは健康と喜びを提供すること

三年前、四十七歳のときにInternational Japanese Christian Churchのビジネス牧師に就任しました。これまで人生を歩いてきて、何かが違うといつも思っていたのですが、イエスさまと出会って、今はとてもすっきりしています。生きる優先順位がはっきりしたことで、ラジオに出ても、インタビューでも、どんな時でも話ができるようになりました。

ビジネスは、確かにお金も大切ですが、お金儲けが目的になってはいけません。聖書には「お金が悪いのではなく、お金を愛する心が悪い」と書かれています。どんな世の中であっても人が求めているものを提供した人がその時代の成功者となるのです。私の会社は、人が求めているものを提供していく会社です。オフィスには

「康楽（こうらく）」という書が掲げてあります。これは一九九五年に中国にいた時に、ある書道家が書いてくれたものです。あの時から「あなたは健康と楽しさを提供する日が来る」ということだったのかもしれません。ずっと倉庫にしまってあったこの言葉を、ショールームをオープンした時に掲げて、「人に健康と喜びを提供する」が会社のモットーになりました。もちろん、本当の喜びはバランスのとれた『成幸』から生まれてくるのです。

不思議なことに、家族への時間を費やせば費やすほど売上が上がって、逆に売上を追いかけ始めると売上は下がるんです。ハハハ。

人生の本当の成功とは、バランスのとれた優先順位を追い求めることによって、与えられるものであると信じています。これからも、百パーセント牧師、百パーセントホームスクーリング校長、百パーセント経営者、でいきたいと思います。

私の大好きな聖書のことば

『いつも喜んでいなさい。絶えず祈りなさい。すべての事について感謝しなさい。』

（Iテサロニケ5・16ー18）

妻のタマーと

父・中林栄（なかばやし・さかえ）インタビュー

日本では約十年間、独りで暮らしていて、その時は仕事もなく健康も害していました。六十代は七十歳まで生きられるかと思いながら過ごしていました。ところが、息子からハワイで暮らさないかと言われ、まずは三カ月間だけ彼の家族と生活をしてみたら、そこには驚きがありました。クリスチャンである家族全員が本当に幸せそうだったのです。それで、ハワイに移住することを決めました。

ハワイに来て、クリスチャンになって人生が変わりました。人のために生きたいと思うようになり、心身ともに健康になりました。ハワイは気候も良くて、孫たちに囲まれての生活はとても幸せです。今年八十歳ですが、このままではいつまでも生きられそうですよ（笑）。もともと仕立て屋でしたし、手先を使うことが好きで、ハワイに来てからは額縁を作っていました。今は息子のショールームの一角で衣服の直しをしています。最近は仕立ての注文も来るようになりました。こうして、好きなことをすることで人のためになれる、こういうことをずっと続けていきたいです。

（このインタビューは日刊サンに二〇一四年二月に掲載されたものです）

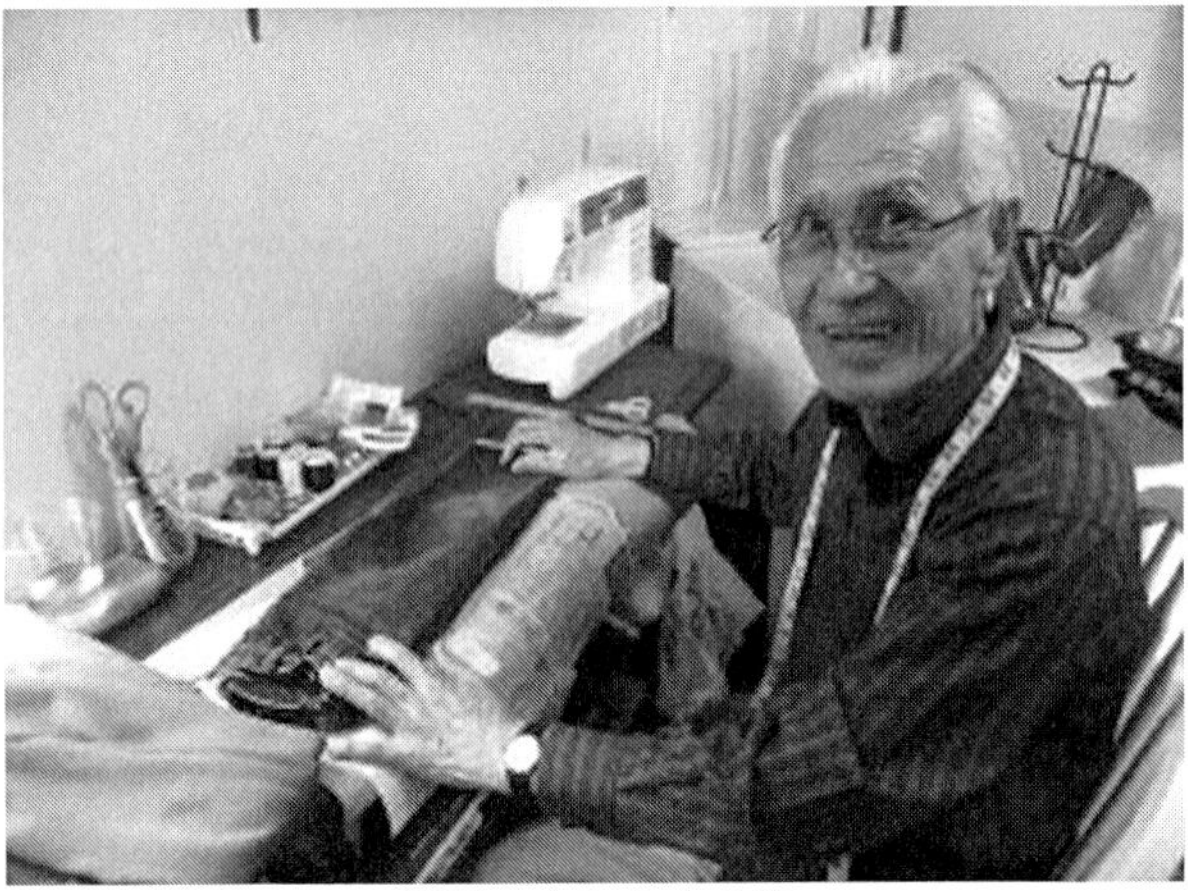

洋服の直しをする父

巻末付録２　著者及び父・中林栄インタビュー

ファミリー

著者プロフィール

中林義朗（なかばやし・よしろう）

一九六三年静岡県御殿場市生まれ。十歳で母が他界、横浜の伯母の家に預けられる。関東学院六浦高校卒業後、米国ＬＡへ留学。日系商社に入社し、一九八八年にハワイ支店長就任、その後香港へ転勤、三十歳で中国支社長に就任。一九九八年にハワイへ帰国し、二〇〇一年からＪＴＪ宣教神学校牧師志願コースでの学びを始め、レストランで働きながら勉強を続ける。二〇一〇年に四十七歳でInternational Japanese Christian Churchのビジネス牧師に就任する。二〇一一年にハノ・ナカInc設立、ショールームを開設。現在五十六歳で百パーセント牧師、百パーセントホームスクーリング校長、百パーセント経営者。百パーセント国際結婚の夫、百パーセント八人の子どもたちの父。

あなたの人生を変える感動の 24 話
ハワイ在住のビジネス牧師が語る

2019 年 3 月 1 日　初版発行
2019 年 4 月 10 日　第 2 刷発行

著　者　中林義朗
発行者　穂森宏之
発　行　イーグレープ
〒 277-0921 千葉県柏市大津ヶ丘 4-5-27-305
TEL:04-7170-1601　FAX:04-7170-1602
E-mail:p@e-grape.co.jp
ホームページ　http://www.e-grape.co.jp
写真提供　TMJ Photography
Roy Nuesca
乱丁・落丁本はお取り替えいたします

ISBN 978-4-909170-10-1　C0016